ART & DESIGN

高等院校艺术设计教育『十二五』规划教材

学术指导委员会

张道一 杨永善 尹定邦 柳冠中 许 平 李砚祖 何人可 张夫也

编写委员会

总主编 张夫也

执行主编 陈鸿俊

编委（按姓氏笔画排序）

王 礼 王 剑 王莉莉 王鹤翔 王文全 王利华 丰明高 邓树君

白志刚 江 杉 安 勇 龙跃林 许劲艺 朱方胜 孙一丽 刘 荃

刘永福 刘镜奇 刘晓敏 刘英武 尹建强 李立芳 李 轩 李嘉芝

李 欣 陈 希 陈鸿俊 陈凌广 陈 新 陈广禄 陈 杰 陈祖展

陆立颖 张夫也 张 新 张志颖 何 辉 何新闻 何雪苗 苏大椿

沈劲夫 劳光辉 易 锐 罗 潘 柯水生 徐 浩 桑尽东 殷之明

唐宇冰 袁金戈 商 杰 梅爱冰 蒋尚文 韩英杰 彭泽立 雷珺麟

廖荣盛 廖少华 戴向东

高等院校艺术设计教育"十二五"规划教材

GAODENGYUANXIAO
YISHUSHEJIJIAOYU
SHIERWUGUIHUAJIAOCAI

主 编 唐壮鹏

副主编 毛文青 方聪

传统民居建筑与装饰

Chuantong Minju Jianzhu Yu Zhuangshi

GAODENGYUANXIAO
YISHUSHEJIJIAOYU
SHIERWUGUIHUAJIAOCAI

中南大学出版社
www.csupress.com.cn

图书在版编目(CIP)数据

传统民居建筑与装饰 / 唐壮鹏主编. —长沙:中南
大学出版社,2014.8(2022.8 重印)

ISBN 978-7-5487-1150-6

Ⅰ.①传… Ⅱ.①唐… Ⅲ.①民居－建筑装饰－研
究－中国 Ⅳ.①TU241.5

中国版本图书馆 CIP 数据核字(2014)第 172379 号

传统民居建筑与装饰
CHUANTONG MINJU JIANZHU YU ZHUANGSHI

唐壮鹏　主编

□责任编辑　刘　莉
□责任印制　唐　曦
□出版发行　中南大学出版社
　　　　　　社址:长沙市麓山南路　　　　邮编:410083
　　　　　　发行科电话:0731-88876770　　传真:0731-88710482
□印　　装　湖南鑫成印刷有限公司

□开　　本　889 mm×1194 mm　1/16　□印张 8.25　□字数 255 千字
□版　　次　2014 年 8 月第 1 版　　　□印次 2022 年 8 月第 2 次印刷
□书　　号　ISBN 978-7-5487-1150-6
□定　　价　52.00 元

总　序

　　人类的设计行为是人的本质力量的体现，它随着人的自身的发展而发展，并显示为人的一种智慧和能力。这种力量是能动的，变化的，而且是在变化中不断发展，在发展中不断变化的。人们的这种创造性行为是自觉的，有意味的，是一种机智的、积极的努力。它可以用任何语言进行阐释，用任何方法进行实践，同时，它又可以不断地进行修正和改良，以臻至真、至善、至美之境界，这就是我们所说的"设计艺术"——人类物质文明和精神文明的结晶。

　　设计是一种文化，饱含着人为的、主观的因素和人文思想意识。人类的文化，说到底就是设计的过程和积淀，因此，人类的文明就是设计的体现。同时，人类的文化孕育了新的设计，因而，设计也必须为人类文化服务，反映当代人类的观念和意志，反映人文情怀和人本主义精神。

　　作为人类为了实现某种特定的目的而进行的一项创造性活动，作为人类赖以生存和发展的最基本的行为，设计从它诞生之日起，即负有反映社会的物质文明和精神文化的多方面内涵的功能，并随着时代的进程和社会的演变，其内涵不断地扩展和丰富。设计渗透于人们的生活，显示着时代的物质生产和科学技术的水准，并在社会意识形态领域发生影响。它与社会的政治、经济、文化、艺术等方面有着千丝万缕的联系，从而成为一种文化现象反映着文明的进程和状况。可以认为：从一个特定时代的设计发展状况，就能够看出这一时代的文明程度。

　　今日之设计，是人类生活方式和生存观念的设计，而不是一种简单的造物活动。设计不仅是为了当下的人类生活，更重要的是为了人类的未来，为了人类更合理的生活和为此而拥有更和谐的环境……时代赋予设计以更为丰富的内涵和更加深刻的意义，从根本上来说，设计的终极目标就是让我们的世界更合情合理，让人类和所有的生灵，以及自然环境之间的关系进一步和谐，不断促进人类生活方式的改良，优化人们的生活环境，进而将人们的生活状态带入极度合理与完善的境界。因此，设计作为创造人类新生活，推进社会时尚文化发展的重要手段，愈来愈显现出其强势的而且是无以替代的价值。

　　随着全球经济一体化的进程，我国经济也步入了一个高速发展时期。当下，在我们这个世界上，还没有哪一个国家和地区，在设计和设计教育上有如此迅猛的发展速度和这般宏大的发展规模，中国设计事业进入了空前繁盛的阶段。对于一个人口众多的国家，对于一个具有五千年辉煌文明史的国度，现代设计事业的大力发展，无疑将产生不可估量的效应。

　　然而，方兴未艾的中国现代设计，在大力发展的同时也出现了诸多问题和不良倾向。不尽如人意的设计，甚至是劣质的设计时有面世。背弃优秀的本土传统文化精神，盲目地追捧西方设计风格；拒绝简约、平实和功能明确的设计，追求极度豪华、奢侈的装饰之风；忽视广大民众和弱势群体的需求，强调精英主义的设计；缺乏绿色设计理念和环境保护意识，破坏生态平衡，不利于可持续性发展的设计；丧失设计伦理和社会责任，极端商业主义的设计大行其道。在此情形下，我们的设计实践、设计教育和设计研究如何解决这些现实问题，如何摆正设计的发展方向，如何设计中国的设计未来，当是我们每一个设计教育和理论工作者关注和思考的问题，也是我们进行设计教育和研究的重要课题。

　　目前，在我国提倡构建和谐社会的背景之下，设计将发挥其独特的作用。"和谐"，作为一个重要的哲学范畴，反映的是事物在其发展过程中所表现出来的协调、完整和合乎规律的存在状态。这种和谐的状态是时代进步和社会发展的重要标志。我们必须面对现实、面向未来，对我们和所有生灵存在的环

总　序

境和生活方式，以及人、物、境之间的关系，进行全方位的、立体的、综合性的设计，以期真正实现中国现代设计的人文化、伦理化、和谐化。

本套大型高等院校艺术设计教育"十一五"规划教材的隆重推出，反映了全国高校设计教育及其理论研究的面貌和水准，同时也折射出中国现代设计在研究和教育上积极探索的精神及其特质。我想，这是中南大学出版社为全国设计教育和研究界做出的积极努力和重大贡献，必将得到全国学界的认同和赞许。

本系列教材的作者，皆为我国高等院校中坚守在艺术设计教育、教学第一线的骨干教师、专家和知名学者，既有丰富的艺术设计教育、教学经验，又有较深的理论功底，更重要的是，他们对目前我国艺术设计教育、教学中存在的问题和弊端有切实的体会和深入的思考，这使得本系列教材具有了强势的可应用性和实在性。

本系列教材在编写和编排上，力求体现这样一些特色：一是具有创新性，反映高等艺术设计类专业人才的特点和知识经济时代对创新人才的要求，注意创新思维能力和动手实践能力的培养。二是具有相当的针对性，反映高等院校艺术设计类专业教学计划和课程教学大纲的基本要求，教材内容贴近艺术设计教育、教学实际，有的放矢。三是具有较强的前瞻性，反映高等艺术设计教育、教材建设和世界科学技术的发展动态，反映这一领域的最新研究成果，汲取国内外同类教材的优点，做到兼收并蓄，自成体系。四是具有一定的启发性。较充分地反映了高等院校艺术设计类专业教学特点和基本规律，构架新颖，逻辑严密，符合学生学习和接受的思维规律，注重教材内容的思辨性和启发式、开放式的教学特色。五是具有相当的可读性，能够反映读者阅读的视觉生理及心理特点，注重教材编排的科学性和合理性，图文并茂，可视感强。

总之，本系列教材具有鲜明的专业性和时代性，是高校艺术设计专业十分理想的教材。对于广大设计专业人士和设计爱好者来说，亦不失为一套实用的参考读物。相信本系列教材的问世，对促进我国设计教育的发展和推进高等艺术设计教学的改革，对构建文明而和谐的社会发挥其积极而重要的作用。

是为序。

2006年圣诞前夕于清华园

张夫也　博士　清华大学美术学院史论学部主任、教授、博士研究生导师
　　　　中国美术家协会理论委员会委员

前　言

　　"传统民居"是指除皇宫、寺庙等公共建筑之外的那些民间的、一代又一代传承下来的、以居住类型为主的建筑。传统民居的产生和发展是自然、社会、经济、文化等因素影响的综合反映,具有浓厚的中国传统文化特色,是中国建筑的重要组成部分。

　　在"天人合一"思想的影响下,我们的先人上观天文、下察地理,通过实践思考与心灵感悟来营造自己的住所。他们注重环境与建筑交融,崇尚自然美和人性文化所演绎的悟性共鸣的美学原则和建筑形态的构成原则等,将深层次的世界观、自然观等民族意识通过传统建筑空间特性的塑造反映出来。

　　民居是一个地区传统文化和地域环境特色相结合的产物,承载着一个地区历史文化信息,具有不可替代的历史价值。我国是一个多民族国家,各地区的地理条件,经济技术和建筑文化的差异较大,不同的地域文化也孕育出风格迥异的民居特色。

　　传统民居经历几千年的发展与传承,在艺术、技术、环境谐调方面都达到了很高的水平。其 "以文化为底蕴、以生态为表现、以可持续发展为契机" 的思想,在现代的建筑设计与装饰上有着极高的借鉴意义。当然,传统民居不是每一种形式都值得我们去再现和延续的,必须从众多传统民居形式中,去粗取精,提炼其特殊元素,在现代建筑与装饰设计的创新中得以再现。同时发掘传统民居建筑生态优化理念、文化因子及建筑语言,如空间、序列、形式、尺度、交通、组合等,并将其与现代生活中最激动人心的部分结合起来,这样继承传统就不仅仅是表面符号的挪用和拼贴,而是真正能给人们的生活注入传统的生态理念和文化因子。

　　本书某些内容与观点,借鉴了同行前辈们的成果,在此表示感谢。同时,由于编写时间仓促与编者水平有限,书中难免有不足和错误之处,敬请广大读者批评指正。

编者
2014年8月

目 录

第1章　中国民居发展简史

　　民居是我国传统建筑中的一个重要类型，是民间建筑体系中的重要组成内容。与宫殿、坛庙、陵寝、寺庙、宅第等官式建筑相比，民居、园林、祠堂、会馆等民间建筑分布广、数量多，与各民族人民的生活生产密切相关，其形制更为灵活多变，更具有明显的地方特色，直观或婉转地体现着民族文化的本质和内涵。在我国，形态千变万化的民居并非一蹴而就，它紧随中国社会的发展，经历了漫长的演变过程。

1.1 原始社会时期

　　旧石器时代的先民，为遮蔽风雨，利用天然的工具，开凿洞穴，创造了山洞和横穴的原始穴居形式；南方一部分先民，为躲避湿热天气和蛇虫野兽等灾害，仿照鸟巢创造了在单株树木上搭设树屋的巢居形式。这两种简单的居住条件经历了漫长的时期，到新石器时代，随着人脑发育逐渐成熟，人们才开始有建造意识，穴居和巢居都有很大的发展。

　　通过对近代发掘的西安半坡村文化遗址和浙江余姚河姆渡文化遗址的研究表明，新石器时代建筑的发展大致有两大类型：黄河流域的木骨泥墙建筑和长江流域的干栏式建筑。

　　黄河中上游地区原始先民的地穴式建筑，分为横穴和竖穴（图1-1）两大类。横穴是指在黄土断崖壁面上开凿的洞穴，竖穴是指从地面往下挖成的洞穴。横穴后来发展成为窑洞。竖穴的居住面在发展过程中不断上移，发展为半地穴和地面建筑。竖穴建筑入口处都覆盖以树木枝叶编扎成的顶盖，这可以说是后来建筑屋顶的萌芽。

图1-1　新石器时代地穴式建筑

1

● 半地穴建筑

半地穴民居是黄河中上游地区原始先民的主要居住形式。其居住面位于地下 50～80 厘米。地面和居住面之间由斜坡道连接。在半坡遗址中，半地穴建筑的地面和壁面为铺平压实的草泥土，少数木骨泥墙上的草泥灰还经过火烤。最迟到龙山文化时期，为了美化居住环境，人们已经开始在室内用白石灰来涂抹居住面和壁面。

图1-2 半穴居的"大房子"

图1-3 木骨泥墙

● 地面建筑

地面建筑广泛存在于仰韶、龙山文化的众多遗址中。它标志着中国建筑已经开始脱离原始穴居、半穴居阶段；而多室地面建筑的出现，则标志着中国建筑开始以室内空间的细分来适应社会关系，如私有财产的分配等种种变化。

在长江流域以南地区的河姆渡等原始文明中，出现一种在树上建巢的居住方式——巢居。由于气候湿热，森林植被资源丰富，居住在这里的先民们为了防潮和避开野兽虫蛇，最先采用了巢居形式。在建筑方式上，它通常用木柱将建筑的居住面架空，形成脱离地面的平台，平台以上才是建筑的墙身。

河姆渡遗址中有一座面积达160平方米的干栏式建筑遗址，是当时河姆渡氏族的大房子。在技术上，它是靠榫卯连接木构件，以梁柱承重，用

图1-4 河姆渡遗址干栏式建筑复原图

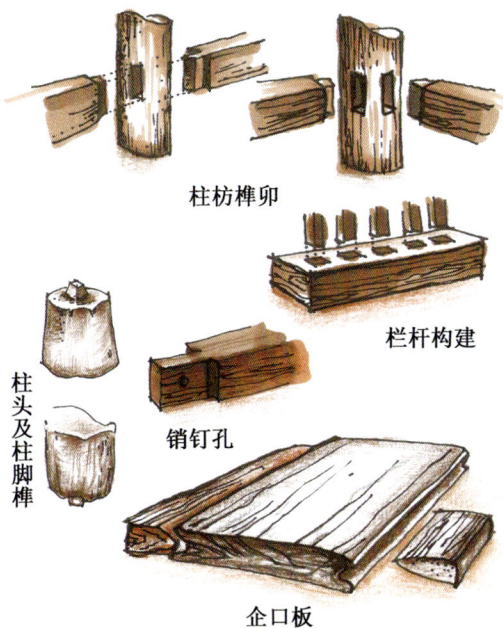

柱枋榫卯

栏杆构建

柱头及柱脚榫

销钉孔

企口板

图1-5　河姆渡遗址干栏式建筑复原图

图1-6　河南偃师二里头一号宫殿复原图。夏代建筑群，是我国目前发现的最早的宫殿建筑。门窗廊庭院和主体建筑，组成了一个院落空间体系。采用80厘米的夯土台作为地基，房屋、廊墙围合成四周封闭的院落，是我国最早的规模较大的木架夯土建筑和庭院的实例

芦席充当墙壁、并铺于地面作为地板，其外观和现在云南等地少数民族的干栏式民居很相似。与同时期黄河流域的木骨泥墙建筑相比，其形象和技术渊源与中国的传统木构建筑更为接近。榫卯技术的出现，充分体现了我国先民卓越的创造力，是日后成熟的中国古代木构建筑体系的关键技术，也是这一体系区别于世界其他古代建筑体系的重要特点所在。

1.2　夏、商、周时期

夏代的宫殿建筑初步形成了将建在夯土台上的殿堂用廊院围绕起来的"廊院格局"。这种布局不仅可以加强对宫殿的防卫，还可以通过廊和宫殿间建筑体量的大小对比、建筑实体和院落空间的虚实对应，营造出宫殿所需要的庄严、雄伟的空间气氛。

殷商时期，民居建筑室内铺席，人们席地而坐，家具有床、案、俎和置酒器的"禁"。陵墓内发现用白石雕琢的鸟兽，背后有凹槽，推测可能是某种器物的座子。从发掘出的以虎为题材的云纹朱色浮雕来看，可推测当时室内的陈设已经相当华丽，房屋也有某些雕饰。

西周时期，出现了以轴线对称关系组织的两进四合院式建筑，以及具有中轴对称，前堂后室，内外有别的瓦房建筑。轴线上依次排列有照壁、大门、前堂和后室。前堂和后室间以廊子相连接。这种前堂后室的布局，是"前朝后寝"式的宫殿格局和后世"三朝五门"制度的雏形。其中轴线两侧为带前廊的厢房，厢房的前廊和后室的前廊彼此连通，形成廊院。建筑的屋顶开始使用瓦，建筑严整的平面布局说明中国传统建筑的空间组织已趋成形，与夏商时期相比，西

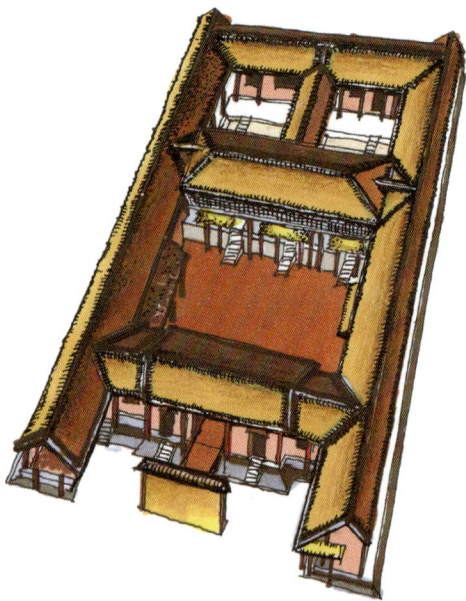

图1-7　陕西岐山凤雏村的西周建筑遗址复原图

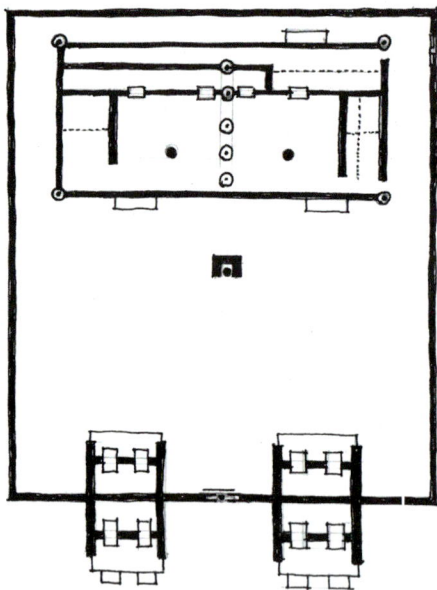

图1-8　春秋时期士大夫住宅图

周的宫殿建筑无论在布局、技术和外观上都取得了很大进步。

春秋战国时期的士大夫住宅，由屋宇和庭院组成。入口有屋三间，明间为门，左右次间为塾；门内为庭院，上方为堂，既为生活起居之用，又是会见宾客、举行仪式的地方。堂左右为厢，堂后为寝。室内设置依据当时席地跪坐的生活习惯，席下垫以筵。家具类型除商朝已有的几种以外，还有凭靠的几、屏风和衣架等。

1.3　秦汉、三国时期

秦始皇通过集中各地工匠修建宫室、迁六国各地富户到咸阳居住等政策和活动，使得全国各地的建筑技术与方法得以互相交流融合，在一定程度上促进了全国各地区建筑质量的提高，也使建筑更加多样化。

根据出土的画像石、画像砖、明器陶屋和相关文献记载，汉代建筑形制很好地继承了传统的院落式。有以下特点：

（1）多用木结构，南方有干栏式构造。屋顶主要为悬山、囤顶构造，以围墙形成庭院。

（2）平面布局有三合院、"口"字形、"日"字形格局，建筑主要分住宅和附属建筑两部分。

（3）中等规模的建筑为多重院落，并创建新型的建筑形制——坞堡，平地建坞，围墙环绕，前后开门，坞内建望楼，四隅建角楼。坞堡四周围以高大院墙，外观封闭，四角建有高起的碉楼。坞堡形制以较小的次要房屋、错落的屋顶以及门、窗上的坡面等衬托中央的主要部分房屋，显得整体错落有致，主次分明，富于变化。

秦汉时期创造了"秦砖汉瓦"的辉煌成就。汉瓦当十分精美，装饰花纹题材大增，主要可分为人物、几何形状、植物和动物四种纹饰。木构架的结构技术在秦汉时期已日渐完善，抬梁式和穿斗式两种主要构架方式都已经发展成熟。北方地区多以抬梁式为主，江南

图1-9 四川雅安汉高颐墓阙的砖与瓦

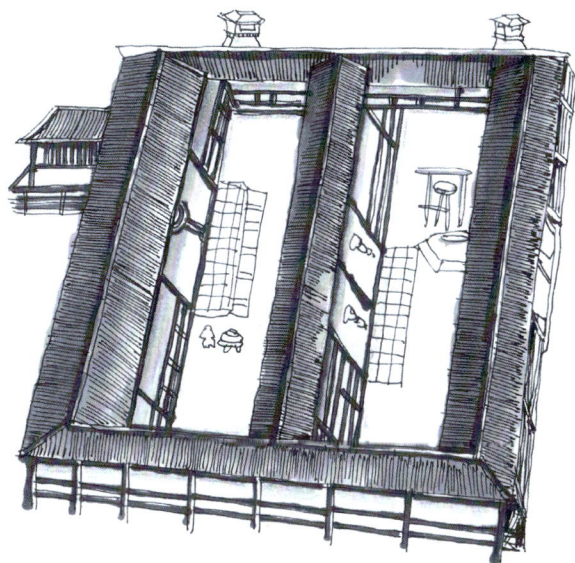

图1-10 东汉画像石墓所刻双阙宅第的"日"字形格局

图1-11 四川成都出土汉代画像砖院落式民居

图1-12 汉明器坞堡模型

则多采用穿斗式构架，也有穿斗式与抬梁式混合出现的构架方式。汉代斗拱已发展成为楼阁建筑的主要构件。斗拱是在柱子的上部、屋檐之下用若干方形的小斗和若干弓形拱层纵横穿插装配的组合构建。斗拱既有结构上的作用，用以承托伸出的屋檐，将屋顶的重量直接或间接转移到木柱上，同时还具有装饰作用。

屋顶形式发展丰富，由木构架结构而形成的屋顶如悬山、歇山、囤顶、庑殿和攒尖等的基本形式已经出现。一般宅舍多用悬山和庑殿，囤顶只在黄河中下游的西北部与河北地区才有出现。文献记载还有歇山和攒尖式屋顶出现。

1.4 两晋、南北朝时期

两晋和南北朝时期，建筑中直棂窗以及檐下人字拱和屋顶上鸱吻的出现，都是建筑中进步的体现，在一定程度上丰富了建筑的外观与形象。这一时期，由于佛教艺术的广为传播和兴盛，外来样式丰富了中国建筑形制。

从出土的该时期的画像砖图案上可看到，北魏和东魏时期，贵族宅第的正门已出现庑殿式的屋顶和鸱尾，歇山屋顶大量出现，屋顶的形式增加了勾连搭及悬山式屋顶两种形式。

另一方面，玄学的兴起促进园林艺术发展。自然式风景园林在两晋南北朝时期有很大发展。北魏末期，贵族们的宅第后部往往建有园林，亭台楼榭、叠石假山的造园技术有所提高。院落围墙上有成排的直棂窗，墙内建有围绕着庭院的走廊。

室内复斗式藻井广为使用，方格与长方格平棊（今天花板，古代也叫做"承尘"）、长方形平棊构成人字形顶棚也常有出现。藻井和天花均装饰有五彩缤纷的彩画。莲花装饰普遍用作藻井的"圆光"和用于柱头、柱础、柱身上。卷草纹从汉朝到南北朝一直沿用。建筑装饰风格也经历了从初期苗壮、粗犷、稚嫩，到

图1-13 晋代带屏风床和床凳

图1-14 东晋顾恺之《洛神赋图卷》独坐榻

北魏末年以后"雄浑而带巧丽、刚劲而带柔和"的倾向。

这一时期，席坐的习惯仍然未改，但室内家具有了很大发展。床已增高，上有壶床顶，围以可拆卸的低矮屏风，后来发展为罗汉床；起居用的榻加高加大，下部装饰以壶门，既可坐在床上，又可垂足坐在床沿；床上出现了倚靠用的长几、隐囊（软性靠垫）和半圆形凭几（又称曲几）；屏风出现了多摺多牒式。东汉末年少数民族的胡床普及民间，出现了各种形式的椅子、方凳、圆凳、束腰型圆凳等。

1.5 隋、唐、五代时期

唐都长安城市规划实行里坊制，将整个城池划分得有如棋盘般规整。坊与坊之间有高大的围墙相隔，而各种民居就建在各个坊里。这种以经纬式道路为主，穿插其间的里弄与胡同组成的道路网为辅的城市道路设置，成为以后各朝都城规划与布局的典范。民居被城墙、坊墙和自家宅院的围墙三重包围，受坊的限制，合院也形成了固定的规模与面积，大型的合院开始横向发展，形成几条竖轴并列的大型合院形式，这也成为以后合院扩展的传统。

隋、唐、五代时期的贵族宅第的大门采用乌头门形式。宅内在两座主要房屋之间用具有直棂窗的回廊连接为四合院，也有房屋位置不完全对称，但是用回廊组成庭院则仍然一

图1-15　唐代长安布局整齐　　　　　图1-16　《营造法式》中描绘的乌头门

致。

民居建筑材料主要包括土、石、砖、瓦、木、竹、铜、铁、石灰、琉璃、矿物颜料和油漆等，其应用技术都已相当成熟。

屋顶形式开始分级，重要房屋多用庑殿顶，其次是歇山顶与攒尖顶，在一些等级更高、重要性更强的房屋，则用重檐的屋顶形式。在组群建筑中屋顶组合更加主次分明、复杂多变。重要房屋的屋顶常用叠瓦屋脊及鸱吻，鸱吻形式风格简洁秀拔。瓦当多用莲瓣图案，还有用木做瓦，外涂油漆和"镂铜为瓦"的。

唐代木构造更加发达，对房屋和木构架的比例关系做了规定，即房屋明间的样子高度不得超出中心开间的宽度，这一规定也形成了唐代建筑稳健、雄浑的风格特点。

民居盛行直棂窗，后来又发展为龟锦纹窗棂和花纹繁密的球纹。室内墙壁多有壁画装饰，天花有平闇与斗八藻井形制，但藻井彩画花纹繁密，且彩画构图已初步使用"晕"。装饰纹样除莲瓣以外，窄长花边上常用卷草构成带状花纹，或在卷草纹内杂以人物，构图饱满，线条流畅。此外，还常见半团窠及整个团窠相间排列图案，以及回纹、连珠纹、流苏纹、火焰纹及飞仙等图案。

隋唐时期是家具形式大变革时期。唐代虽然在上层建筑中已经出现了一些垂足而坐的日用家具，但垂足而坐的习惯在隋朝时期才从上层社会起逐步普及全国。据五代《韩熙载夜宴图》所示，各式各样的长方形的桌凳、扶手椅、靠背椅、圆椅和平面床出现，还有用于大型娱乐场合的多人列坐的长桌及长凳出现。唐末五代之间已经基本具备了后代的家具类型。家具造型简明、大方，圆形线条在桌椅中的出现丰富了家具造型。

图1-17　山西五台县南禅寺鸱吻

图1-18　周昉的《宫乐图》中唐代贵族使用高足家具

1.6 宋、辽、金时期

宋代时期，制定了建筑工匠可以被雇用从事建筑活动，而不用去服劳役的优惠政策，造就了一大批能工巧匠。科学家也开始关注建筑业，这为宋代建筑发展提供了人力基础和研究的便利。

宋代住宅的等级规定较前代更加清晰，具有明确的等级标准。其民居的规范化体现在以下几个方面：

（1）农宅：简陋，草屋，低矮，多结合自然环境。

（2）城市住宅：平面多为长方形，短边临街，纵深布局，前堂后室（寝），对外界封闭，对内开敞；形体轻巧多变，结构细致精巧；屋顶以悬山顶和歇山顶为主，屋顶平缓；为维护封建等级制度，除官僚宅邸和寺观宫殿外，住宅一般不许用斗拱、藻井、彩画、梁枋、门屋。

（3）大中地主住宅：有大门与东西厢房，主要部分是前厅、穿廊、后寝所构成的工字屋，后寝用茅屋，其余覆以瓦顶，少数大门内建照壁，前后堂附以挟屋。

（4）贵族官僚住宅：宅第外部建乌头门或门屋，后者中央一间用"断砌造"，便于车马进入，廊屋代替回廊，增加居住面积。

屋顶的营造上，宋代时期规定了房屋越大，屋顶坡度越陡峻的原则，屋顶装饰多为青瓦或者青瓦与琉璃瓦相配合成为剪边式屋顶，加之彩画装饰，整体上给人以柔和绚丽之感。

在室内家具方面，两宋已经普及高足家具，并出现更多形制，如高桌、高案、高几、抽屉桌、折叠桌、高灯台、交椅、太师椅、折背样椅等家具，低型家具已逐渐退出历史舞台。在家具造型和结构方面，梁柱式的框架结构代替了隋唐时期沿用的箱形壶门结构。梁柱式家具装饰性比以前强；其次，出现了大量的装饰性线脚，丰富了家具的造型。

此外，家具的更替也引起了房屋尺度变化。随着起坐方式的改变，家具的尺寸都相应地增高了，在一定程度上也影响了房屋室内高度的增加。不仅空间加大，并且简化了梁、柱节点上的斗拱，房屋结构更开朗明快。

1.7 明、清时期

明清时期民居的发展主要突显两大特点：首先是各地域民居形式基本发展成熟，在类型与特点等方面基本形成定制，各具特色；其次，随着中国和世界其他地区之间经济、文化交流的不断深入，以及中国内部甚至国内向国外移民的频繁，新式的民居还在不断出现。

明清建筑无论是在建筑群落整体规划上，还是在建筑技术上都取得了进步。其最突出的技术成就是一方面，明清建筑突出了梁、柱、檩的直接结合，减少了斗拱这个中间层次的作用，充分运用砖这种建筑材料，节省了大量木材；另一方面，因为结构的简

图1-19 宋张择端《清明上河图》局部

图1-20 根据《清明上河图》复原的杭州宋城局部

化，使建筑室内空间进一步扩大。

自明代起，民居建筑开始走向程式化。明末所著的《园冶》，总结了造园之经验，在中国的造园史上起了主导作用。另外，清朝1733年颁布的工部《工程做法则例》，将建筑标准化、制度化，统一了官式建筑构件的模数和用料标准，简化了构造方法，当时的民居房屋也同样遵守和沿用。建筑的标准化标志着结构体系的高度成熟，但同时也不可避免地使结构僵化，如工部《工程做法则例》就把所有建筑固定为27种具体的房屋，每一种房屋的大小、尺寸、比例都是绝对的，构件也是一样，这种绝对化势必导致另一极端即僵化和死板。

从明代起，各地区的民居地方特色更加显著了，民居建筑因为民族、地区的不同，在结构、布局的风格上有很大差别，各具特色。大体上黄河中下游地区的民居以北京民居为主导，多采用抬梁式木构架系统的院落式宅舍。

明代家具以简洁素雅著称，明式家具创造了中国古典家具的最高典范，赢得了极高的赞誉。清代家具在造型与结构上仍然继承了明代的传统，但因为宫廷家具过于追求造型复杂、装饰细节，利用玉石、陶瓷、珐琅、文竹、贝壳等做镶嵌，破坏了家具的整体形象、比例和色调的统一和谐。但是广大的民间家具以实用、经济为主，很少有此种弊病。

清代全国人口流动量大，促进了各地建筑的转变，很多远离中原的地区如云南、山西、陕西、广西等地的建筑都已经明显受汉族四合院建筑的影响，形成了合院式民居，但这些民居又恰当地与本土自然和人文环境相适应，形成了新的合院样式。如白族民居的合院与晋陕大院均是受汉族合院民居影响出现的。在闽粤沿海地区，随着对外贸易的发展，大批沿海居民迁移到国外生活，受到西洋建筑影响，回乡建造了一些具有外国建筑风格的民居。这些民居为西式洋楼，其中以广东开平碉楼最具代表性，建筑材料、建筑装饰均有异域情调，为中国建筑增添了异样风采。

图1-21　江南园林中的清式室内陈设

图1-22　广东开平碉楼建筑深受外国建筑风格的影响

第2章　中国传统民居建筑与装饰的文化传递

中国历史悠久，土地辽阔，文化遗产极为丰富，建筑文化遗产中存量最大、与广大人民生产生活密切相关的民居，也同样非常丰富。即使在今天，它们仍然散布在全国各民族和各地区，虽然历经风雨沧桑，仍然为广大人民所使用，其中不乏传统精华、艺术精湛，是我国珍贵的文化宝藏。中国民居的产生与发展过程所体现出来的文化精神与中国传统文化主流精神有着密不可分的联系。

2.1 中国传统文化在古代建筑文化中的传承

在中国传统文化中，一些长期受到人们尊崇并影响人们生活行动、作为民族延续发展精神动力、成为历史发展的内在思想源泉的观念和固有传统，构成了中国传统文化的基本精神。它是经过5000多年历史积淀并受儒学、道学、阴阳五行学以及其后的中国佛学的影响而逐渐形成的。在整个社会进程中，为大多数人认同接受，具有极其深远的影响力，并成为人们基本的人生信念和自觉的价值追求。因此，研究中国传统文化的基本精神，有利于我们对中国民居建筑营造与装饰的深入理解和解析中国民居建筑与装饰的各种客观呈现。中国传统文化基本精神涵盖以下四个方面。

图2-1　儒学、道学对中国传统文化的形成有着深远的影响

2.1.1　以人为本的人文主义价值系统

中国传统文化价值系统的确立，各种哲学派别、文化思潮关注的焦点以及整个中国传统文化的政治主题和价值主题，始终围绕着人生价值目标的揭示与人的自我价值实现、实践而展开。人为万物之灵，天地之间人为贵，是中国传统文化的基调。

"所贵乎用天之道者，则指星辰以授民事，顺四时而兴功业，其大略也，吉凶之祥又何取焉？……所取于天道者，谓四时之宜也；所一于人事者，谓治乱之实也。……从此言之，人事为本，天道为末，不其然与？"（东汉，仲长统，《全后汉文》）

也就是说，人们顺应四时自然，用天道引导人道，建功立业。而不要因为自然现象妄言人事凶吉，天道与人道不能混为一谈。天道是末，人道是本。所谓以人文本，不是说人是宇宙之本，而是人是社会生活之本。这一论述精辟地概括了人本思想的精髓。

2.1.2　豁达乐观、自强不息的民族心理

豁达乐观、自强不息的民族心理是中国传统文化得以生生不息的动力源，是中国传统文化精神的一个闪光点。它表现在人们对悲喜炎凉的人生采取乐观豁达的态度，表现出豁达大度的胸襟情怀；表现在以无数仁人志士为代表的对事业前程的坚定信念和对崇高理想的正义追求；同样表现在中国传统文化的兼容并蓄的融合功能及和合特征。

2.1.3　观物取象、整体直觉的思维方式

思维方式是民族智慧和文化精神的重要内容。中国传统文化的思维方式具有两个特点：观物取象的象征性和直觉体悟的直观性。这种整体直观的思维方法表现在——主体对客体的认识在于直觉体悟而不是明晰的逻辑把握。以对象为整体，或诉诸经验，或推崇直觉，或讲究顿悟；而且都把主客体当下的冥合体验推到极致。无论儒家的道德直觉，还是道家的艺术直觉，抑或佛家的宗教直觉，都主张直觉地把握宇宙人生的全体和真谛。观物取象的象征性思维是指用具体事物或直观表象表示某种抽象概念、思想感情或意境的思维形式。这在中国居住文化中有着广泛而多样的表现。

2.1.4　天人合一的审美理想

我国传统的天人合一观具有天然的美学品格，它启示于人的至美、至善境界，是人与自然和谐统一的境界，是中国传统文化的审美理想和最高境界，浓缩了中国传统文化的全部特征和精神。在深受儒学、道学影响的古代中国，"天人合一"为儒道共同推崇，但儒家注重的是群己和谐，即个体对群体的适应，并将天人合一的重心落在道德主体的自我反省、自我实现的努力"践仁"功夫之上。而道家则强调人与自然的协调，在道的基础上建立天人合一，即道人合一，合一的基础是人对道的认同，人对自我的觉悟。

"天人合一"的思想，充分显示了中国古代思想家对于主客体之间，主观能动性与客观规律性之间的辩证思考，对于解决当今世界由于工业化和无限制地征服自然而带来的坏境污染、生态平衡遭受破坏等问题，具有重要的启示，对于我们今天正在进行的城镇化建设、可持续发展的战略更有着防患于未然的重大现实意义。

图2-2 阴阳图

2.2 中国传统民居建筑与装饰的文化传递

2.2.1 哲学观

早在中国哲学形成体系之前，中华先民已经表现出很高的精神智慧，创立了关于宇宙和世界万物的三种思维模式，即阴阳说、五行说、八卦说。由于这些思维模式能直观地将一些平时无法解释的东西用变相的手法表达出来，得到了古代人们的广泛认同，在中国传统文化尤其是民居建筑与装饰的发展过程中影响极为广泛、深远。

● 中国古代民居建筑在阴阳相辅、阴阳合德的观念方面有着充分体现

阴阳本指物体对于阳光的向背，向日为阳，背日则阴。古代阴阳说抽取阴和阳这两个概念来解释天文现象、四时变化、万物盛衰等自然现象，是出自《周易》的一种朴素的辩证思想、一种古代的对立统一学说，后来也被用来解释社会现象，并渗透到民居建筑与装饰的方方面面。古

图2-3 北方民居的宏伟阳刚与南方民居的阴柔婉约对比

代辩证中医认为："阴极阳衰，阳极阴衰，阴阳相济，生生不息。"这种阴阳相辅、阴阳合德的辩证哲学观在我国传统民居的建筑与装饰中有着充分的体现。

从所处地域来看，北方民居建筑阳刚之气较重，而南方的则阴柔之气较浓。如江南民居，多依山傍水、白墙青瓦、朴素自然，与曲溪幽林自然融合，亲切、秀丽而又含蓄。

在民居选址方面，一般认为背山面水为佳。山为阴，水为阳，背山面水的场地给住宅提供了阴阳相生的环境。

在场地设计方面，一般认为建筑为实属阳，庭院为虚属阴；室外为阳，室内为阴；石土为阳，林木为阴；水为阳，山为阴；南为阳，北为阴；高为阳，低为阴；受阳光直射空间为阳，阴面空间为阴；地上为阳，地下为阴。阴阳相生，阴阳和谐观念，在中国古建筑中无所不在。

在建筑择向上，古人认为方位有主从，可分阴阳，南北相比，北为尊，历代首都多建在北方，所谓面南称帝。阴阳与尊卑思想，再结合日照的特点，使得建筑坐北朝南成为传统民居的普遍要求。

● 中国民居布局在五行相生相克的系统观上有着深刻的体现

五行学说认为宇宙万物，都由金木水火土五种基本物质的运行和变化所构成。它强调整体概念，描绘了事物的结构关系和运动形式。五种元素不是静止不动、互不联系的，相反，它们有着严格的相生相克的辩证关系——比邻相生，隔一相克。按顺时针方向，相邻的两个元素之间是相互生发，相互促进的：木生火、火生土、土生金、金生水、水又生木。相隔的两个元素是相互抑制的。土克水、水克火、火克金、金克木。五种元素时刻在相互作用当中，但这种相生相克的关系却是保持不变的（图2-4）。借用西方哲学的一句话讲就是"为自然立法"，即通过相生相克关系的互补与调和，建构一个系统平衡的自然秩序，这是我国古代的一种普通系统论。

阴阳五行系统的整体性思维造就了中国特有的民居布局，中国古代建筑就像中国人的性格一样倾向保守和隐忍，但同时也体现了中国人重整体、顾大局、重家庭的思想。如宋孝宗淳熙五年，浙江省永嘉县苍坡村的先民与国师李时日商议村落选址和建筑规划，他们以阴阳五行为依据，按八照卦：西庚辛属金，但西面有座"笔架山"，山形似火焰，在这里建村容易失火；北壬癸属水，照理可以克火，但预定北侧没有大水塘，不能克火；东甲乙属木，火会引燃到北面；南丙丁属火，会加强火的势头。这样一分析，

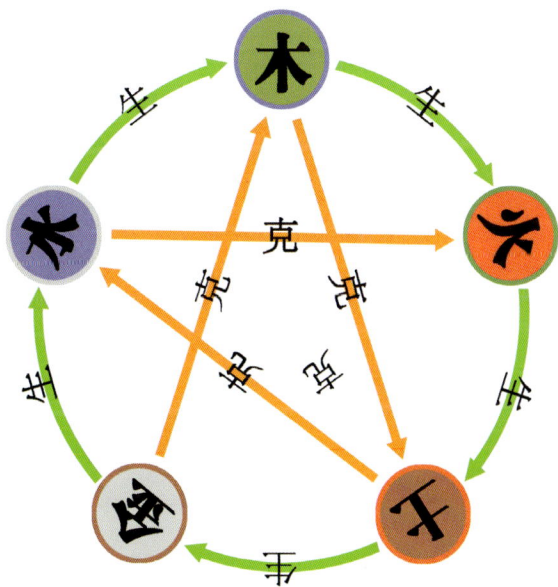

图2-4　五行相生相克图

整个村子都将在火的威胁之下，所以为了克火，决定在村子南侧建一方形水塘，以重点镇火；在村子的东侧建一条长条形的水池，成为防火隔离带，以抵挡"火"烧"木"；在村的四周开渠引溪，引北方的"水"来环抱苍坡村，使得水火平衡。

图2-5　浙江省永嘉县苍坡村村落平面图

● 中国民居建筑在阴阳八卦方位说上有着精彩的演绎

八卦在中国古代哲学中，其象征意义是无穷无尽的。八卦的八种基本图形，代表着天、地、雷、风、水、火、山、泽八种自然现象，图中：—代表阳，— —代表阴，两种符号相叠可演变为八八六十四卦，但其基本原理为阴阳交感，故乾坤两卦为其根本，为自然界和人类社会一切现象的最初根源。《说卦传》说："天地定位，山泽通气，雷风相薄，水火不相射，八卦相错，数往者顺，知来者逆，是故，易逆数也。"就表明八卦中天与地，雷与风，水与火，山与泽是四对矛盾对立体。这四对的阴阳对立，形成了自然界的两大范畴，于是，阴阳刚柔相济，万物生机蓬勃，万千气象。阳代表着积极、进取、刚强等特性和具有这些特性的事物或现象；阴则代表消

图2-6   八卦图

图2-7   诸葛八卦村

17

图2-8　八卦元素在传统民居建筑装饰与造园中的运用

极、退守、柔弱等特性和具有这些特性的事物或现象。八卦所反映的阴阳论是古代中国人的一种宇宙观和方法论，他们用它来认识和阐释自然现象，并进一步指导人们的社会实践活动，乃至建筑领域。

位于浙江中西部兰溪市境内群山中的诸葛八卦村，据考证，该村是由诸葛亮27世孙诸葛大师于元代中后期开始营建的，至今有600余年的历史，到现在仍保存完好。村中现居住有诸葛亮后裔近4000人，为中国诸葛亮后裔最大聚居地。诸葛村整体结构是诸葛亮第27代裔诸葛大师按九宫八卦设计布局的，整个村落以钟池为核心，八条小巷向外辐射，形成内八卦，更为神奇的是村外八座小山环抱整个村落，构成外八卦；村内以明、清建筑为主，现有保存完整的明清古民居及厅堂有200多处。虽历经数百年，但村落九宫八卦的格局一直未变，其"青砖、灰瓦、马头墙、肥梁、胖柱、小闺房"的建筑风格，成为中国古村落、古民居的典范。

在我国，同样运用八卦布局的村落还有很多，如被著名理学家朱熹赞誉为"呈坎双贤里，江南第一村"的安徽呈坎村的村落建筑布局，还有广东高要的黎槎村，村落呈八卦形态，布局精致，暗藏"洛书"的玄机。

此外，八卦这一元素在传统民居建筑装饰与造园中也有广泛的运用。如人们为了趋吉辟邪，把八卦图作为一种装饰纹样装饰在墙上，用八卦的元素作为地面铺砖的纹样；在园林的营造上，利用八卦的方位特点融入园林的造景布局中，等等。

2.2.2　宗法观

宗法制是周代分封制的基础，是中国传统社会的一套始终维护和持续不断的以血缘关系为纽带、以等级关系为特征的社会政治和文化制度，它根据血缘关系的亲疏远近来决定继承权力。宗法制度对中国社会乃至传统民居的影响是深刻而又广泛的。首先，宗法制导致中国父系单系世系原则的广泛实行，所谓父系单系指的是血缘集团在世系排列上完全排斥女性成员的地位，女性在继承方面没有权力。西周的家庭关系与宗法制度密切联系，突出地表现为"父权统制，男尊女卑"的观念及夫妻不平等。其次，宗法制造成家族制度的

图2-9 客家土楼中心的祠堂

图2-10 安徽歙县的棠越牌坊群

长盛不衰，宗法制明显体现宗族森严的性质。封建社会，宗族主要以家族方式体现，家族长盛不衰的依据有祠堂、家谱、族权。祠堂主要供奉祖先的神主排位，对祖先的崇拜，是中国传统文化心理的一个重要特征。

礼制性建筑在传统聚落中地位突出，类型多样。礼可以说是宗法制度的具体体现和核心内容。礼既是规定天人关系、人伦关系、统治秩序的法规，也是约束生活方式、伦理道德、生活行为、思想情操的规范，带有强制化、规范化、普遍化的特点，制约了包括传统民居在内的中国古代建筑活动的方方面面。其中最突出的表现便是传统聚落中礼制性建筑的普遍存在，并往往占据突出而重要的地位。无论是北方的四合院民居，还是闽粤赣的客家民居，作为礼制性空间的"堂"一直是传统民居空间布局的核心和重心。此外，遍布城乡的功名坊、节孝坊等各式牌坊同样成为传统村落往昔礼制活动的见证。浙江东阳的雅溪村牌坊群、安徽歙县的棠越牌坊群更是壮观之极，令人叹为观止。

中国传统建筑体现着很强的等级观念和等级制度。如前所述，中国传统社会的宗法制度是以等级关系为主要特征的。汉以后，因为"罢黜百家，独尊儒术"，维护以"君君、臣臣、父父、子子"为中心内容的等级制，便成为维系"家国同构"的宗法伦理社会结构的主要依托，也是礼制、礼教的一种畸形表现。千百年来，建筑被视为标示等级区分、维护等级制度的重要手段。分贵贱、辨尊卑成了中国传统民居被突出强调的社会功能。就像是北京雄伟的故

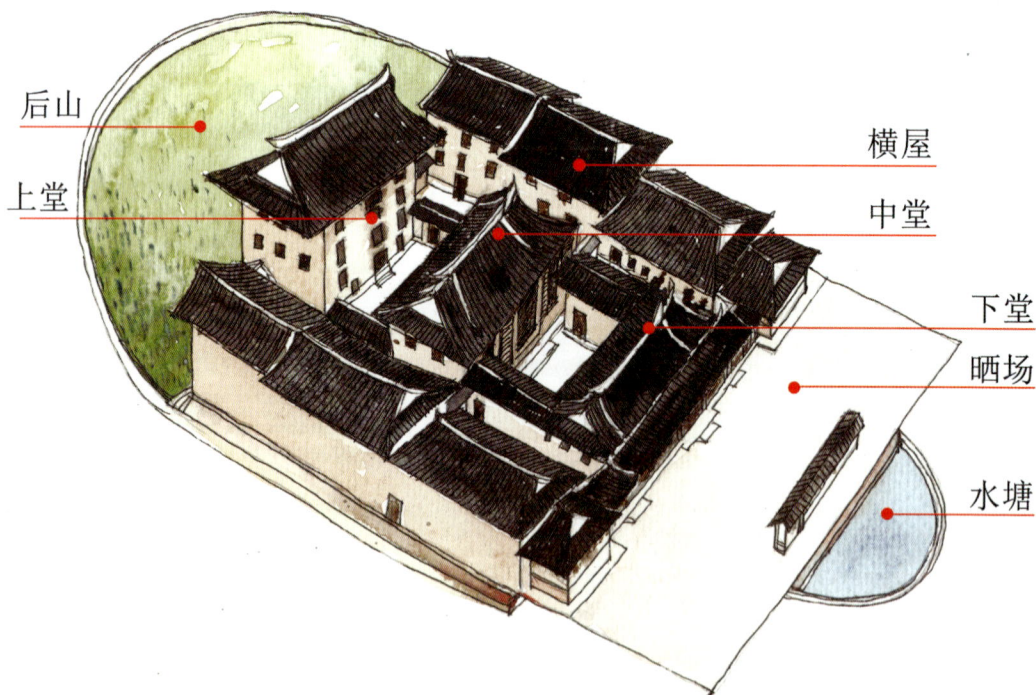

图2-11　伦常有序的五凤楼：五凤楼的地势与房屋必须前低后高，且房屋的高低与居住者辈分的高低有联系，前面的房屋都是一层的平房，住的是家里的佣人等地位卑贱的人，而最后面都是多层的楼房，住的则是家长等地位或辈分高的人，两侧的横屋也分几段，前面的屋顶低，后面的屋顶高，这里住的也是家庭辈分较低的人，其家庭成员的合理安排，体现了大家庭的长幼尊卑

宫与河南徽式建筑的对比表现。同样的居住场所,但其形式规模是无法比对的。

作为宗法制度的一部分,建筑等级制度是中国古代建筑的独特现象。就整个中国古代建筑体系的宏观意义而言,建筑等级制度的影响在于不仅导致了传统建筑类型的形制化,建筑的等级形制较之于功能特色更显突出,而且也促成了传统建筑的高度程式化。严密的等级制度,把建筑布局、规模组成、间架、屋顶规定等级的做法,以致细部装饰都纳入了等级的限定,形成固定的形制。汉族传统民居尤其如此。

唐代以来建筑等级制度是通过营缮法令和建筑法式相辅实施的。营缮法令规定衙署和第宅等建筑的规模和形制,建筑法式规定具体做法、工料定额等工程技术要求。财力不足者任其减等建造,僭越逾等者即属犯法。《唐律》规定建舍违令者杖一百,并强迫拆改。如被指为仿建宫殿者,就会招来杀身之祸。即使在朝政混乱之际,逾制也会受到舆论谴责;因建筑逾制而致祸的,代不乏人。《春秋》中多处讽刺诸侯、大夫宫室逾制。汉代霍光墓地建三出阙,成为罪状之一。东晋王、北魏李世哲建屋逾制受到指责。南宋初秦桧企图以舍宅逾制陷害张浚。清和事败后,因其宅内建楠木装修和园内仿建圆明园蓬岛瑶台而被定为僭拟宫禁之罪。

在现存古建筑中,依然可见上述建筑等级制度的影响。北京大量四合院民居均为正房三间,黑漆大门;正房五间,是贵族府第;正房七间则是王府。江南和西北各城市传统住宅多涂黑漆。这些都是受明代以来建筑禁令所限的遗迹。

2.2.3 环境观

环境观是改变建筑布局与形态的重要因素。从生产力的层面分析,中国传统文化是以农业社会文化为主。其各个层面(物质文化、制度文化和观念文化)的创造发展都离不开农耕的社会生活基础。正是这个原因,使得人与环境、人与自然的关系问题始终是中国古代文化讨论的中心。人类关注环境、适应环境并改造环境,缘于人们在自己的实践过程中对于环境价值的认识和深化。环境价值包括物质功利价值和精神审美价值两个方面,前者表现在人们生于环境、长于环境,从外界环境中获取赖以生存的物质生活资料;后者表现在人们寄情于环境、畅神于环境。

图2-12 中国古典建筑装饰符号有很多具有极其强烈的教化劝诫功能

中国传统民居的环境观可以概括为"天人合一"。儒家天人合一的落脚点在主体性和道德性上，注重建筑环境的人伦道德之审美文化内涵的表达。其环境理想追求表现为强化和突出建筑与环境的整体和谐，以及建筑平面布局和空间组织结构的群体性、集中性、秩序性和教化性。透过中国传统民居尤其是汉族民居的村落布局和建筑空间组织，我们可深切而强烈地感受到威严崇高的集中性、井然鲜明的秩序性、礼乐相济的教化性。即便是传统民居的装饰装修和细部处理，也多以历史典故、神话传说、民间习俗为题材，常用人们熟知的人物图案，借此达到道德教化的目的。

道家天人合一的环境观同样深刻地影响到古代中国的建筑意匠。它一方面表现为追求一种模拟自然的淡雅质朴之美，另一方面表现为注重对自然的融合，与山水环境契合无间。古往今来，不乏这种环境理想的具体表现。

图2-13　云南的丽江古城，生于自然，融于环境，它契合山形水势，布局自由；道路街巷随水渠曲直而赋形，房屋建筑沿地势高低而组合，宛自天成，别具匠心，给人以自然质朴、舒旷悠远之美感

图2-14 安徽宏村整个村落布局似牛形,故被人们称为"牛形村"。宏村就似一头卧牛处于青山环绕,稻田连绵的山冈之中。全村以高昂挺拔的雷岗山为"牛头",满山青翠苍郁的古树是牛的"头角",村内鳞次栉比的建筑群是"牛身",九曲十弯的人工水道"牛肠",村边的四座木桥为"牛腿",村落中心以半月形水塘为"牛心"

2.2.4 思维观

中国传统民居反映了中国传统文化的人本主义精神,反映了中国传统文化的礼制思想和宗族观念,也反映了中国传统文化立足于农耕基础之上的环境观。同时,中国传统民居作为中华民族生活智慧和艺术才能相结合的产物,还表现了中国传统文化乐观向上的思想以及重体悟的整体思维方式。

首先,中国传统民居的思维观具有人本主义的整体和合特征。这种人本主义的整体和合可以溯源到远古时代的阴阳、五行和八卦思想。先秦时期的"三才"思想,其逻辑起点就是天、地、人是互相联系、整体和合的,即所谓"天生之,地养之,人成之"。而这种整体和合又是以人为中心,以人为本的。中国传统民居在类型和造型特点的丰富性和多样性,反映了传统民居以人为本的自然适应性、社会适应性和人文适应性,反映了中国传统文化以人为本的实用理性精神。透过中国传统民居的布局,我们不难看出,无论是民居村落还是民居院落,都普遍强调以祠堂为中心的空间组织结构和由此而表达的群体性、集中性和秩序性特点。这显然就是整体和合的思维观的反映。

其次，中国传统民居思维观具有重体悟特征。中国文化的尚虚性和实用理性特征也反映和说明了中国传统文化的功能性特征和模糊性特点。《周易》释卦，《尚书》讲五行，《管子》讲气，重功能倾向愈明显，模糊性愈强。所谓模糊性，就是不能给予固定的形式化，从而决定传统文化的重体悟的思维倾向，主张主体对客体的认识在于直觉体悟而不是明晰的逻辑把握。在中国传统文化中，如道、无、理、气等重要范畴都不是言语所能穷尽的。对中国文化及其发展影响最为深远的"天人合一"思想，其最终所要达到的目标和意境，也是只能靠主体依其价值取向在经验范围内体悟，而不能由语言概念来确指、来表现的。中国传统民居对这种直觉体悟性的思维精神的秉承则突出地表现在村落布局和院落的空间组织上。传统民居通过共生（生态关联的自然性），共存（环境容量的合理性），共荣（构成要素的协同性），共乐（景观审美的和谐性），共雅（文脉经营的可持续性）让人感受和体悟人与自然、人与人和谐相融的人居理想。

再次，中国传统民居具有象征性思维。所谓象征性思维，是用直观表现或具体事物表示某种抽象的概念、思想感情或意境的思维形式。传统思维的象征性特点与古人对宇宙整体的看法是密切相关的。《周易》，作为儒道二家思想的共同渊源，借助于具体的形象符号，启发人们把握事物的抽象意义；借助卦象，并通过象的规范化的流动、联结、转换，具体地、直观地反映所思考的客观对象的运动、联系，并借助六十四卦系统模型，推断天地人物之间的变化。这就是观物取象、立象尽意的象征性思维方式。这种思维方式渗透到古代科技、中医、民居选址布局和建筑营造等方方面面。

如浙江永嘉县的苍坡村，是以"文房四宝"来进行布局的："笔"用笔街来代表，笔街的笔尖直指西面笔架山，"墨"用笔街旁边的几块条石来代表，而村东、村南的两个池塘东池、西池就成了"砚池"，"纸"则是村墙围绕着的整个村庄。整个苍坡村的村落空间布局和环境景观象征着笔、墨、纸、砚这为人所熟知的"文房四宝"，以希冀后人才子辈出，人文荟萃的规划理想和愿望。

笔街　砚池

图2-15　浙江永嘉县的苍坡村"文房四宝"的布局理念

图2-16　山西平遥古城，城墙上布设有3000多口垛口，象征孔子的三千弟子

又如山西平遥古城，整个聚落布设有3000多口垛口，以象征儒家先师孔子的三千弟子，表达了对儒家文化的尊崇和颂扬。

中国传统民居的象征性思维更加直接广泛地影响到传统民居的装饰装修。传统民居装饰总是"图必有意，意必吉祥"。广大的民居建筑，多以福禄喜庆、长寿安康、戏文故事、花草纹样为题材，往往通过某种自然现象的比喻关联、寓意双关、谐音取意、传说附会等形式，使人联想到神话传说、谚语古语、历史典故、民间习俗等内容，从而抒发祈求吉祥、消灾弭患的愿望，表达人们对美好生活的追求和平安吉祥的向往。

图2-17　象征福禄喜庆、长寿安康的建筑彩画

　　传统民居建筑中的装饰图案是在长期的生产生活中形成的吉祥符号，具有广泛的通识性，因而在使用上较为普遍，象征意义也较为一致。多种多样的装饰符号和装饰图案在象征寓意的方式上主要有三种：

　　一是寓意象征。借助于某些动物、植物和器物的自然属性和特征加以延伸和情感化、伦理化的象征。如，鸳鸯戏水象征夫妻恩爱，莲花浮萍象征高洁淡泊，牡丹芙蓉象征荣华富贵，兰桂齐芳象征仕途昌达。

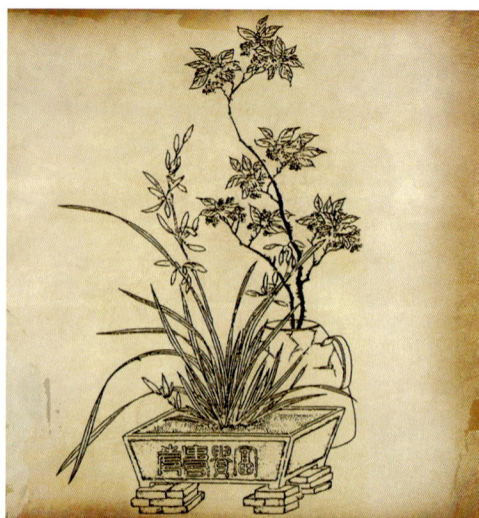

牡丹芙蓉象征荣华富贵　　　　　莲花浮萍象征高洁淡泊

鸳鸯戏水象征夫妻恩爱　　　　　兰桂齐芳象征仕途昌达

图2-18　动物、植物和器物的象征意义

二是谐音取意。如：鹿——禄，蝙蝠——遍地是福，花瓶——平安，鱼——余，狮——师，柿——事，猫蝶——耄耋。

图2-19　象征福禄喜庆、长寿安康的建筑彩画

三是民谚传说。如鲤鱼跳龙门隐喻登科及第，此外一些神话传说和历史典故（如盘古开天、龙凤呈祥、三顾茅庐、桃园结义、竹林七贤等）直接用在装饰中，以强化和提升文化内涵。

图2-20　提升文化内涵的民居装饰

2.3 影响中国民居建筑构成的因素

2.3.1 社会因素（包括生产力、社会意识、民族差异、宗教信仰和风俗习惯等）

我国是一个多民族国家，以汉族社会为例，它在历史上是一个长期以宗法制度为主来维系发展的，家庭经济则以自给自足的小农生产为基础，并以血缘纽带作为宗族的维系。而维持社会稳定的精神支柱则是儒家伦理道德学说，这种学说提倡长幼有序、兄弟和睦、男尊女卑、内外有别等道德观念，并崇尚几代同堂的大家庭共同生活，以此作为家族兴旺的标志。

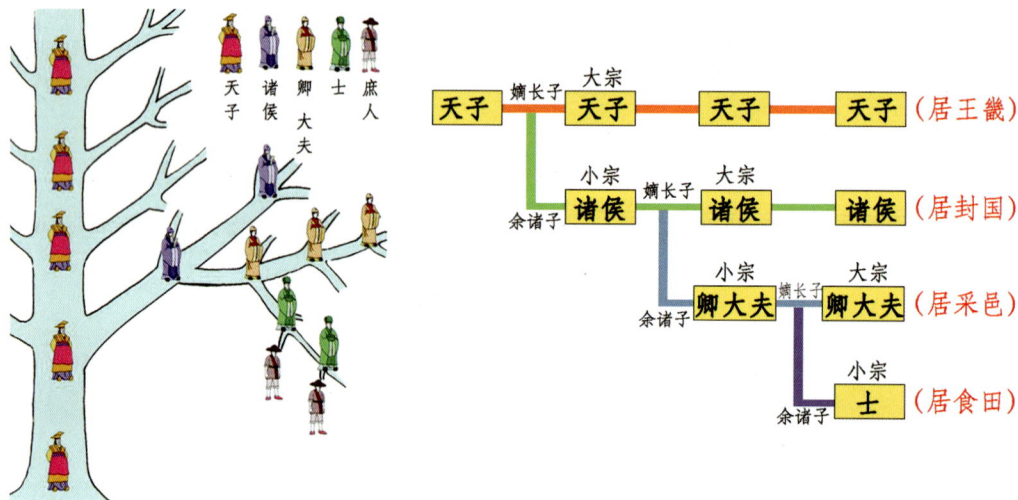

图2-21 我国古代宗法关系图

中国封建制度的核心是等级制度和儒礼宗族制。封建制度等级森严，其对各阶层的人的居住地有着严格的划分，并且对于建筑的规模、大小、开间、进深以及屋顶形式，甚至装饰、装修、色彩规定都有严格的规定。例如民宅不得超过三间，色彩规定为黑白素色，而大型宅第就可以多出多进、多院落，甚至多路建筑布局，并且可以带书斋、园林。从民居的平面布局上就可以看到社会制度对建筑的影响。

2.3.2 经济因素（民居形成的物质基础）

民居的营造需要材料，并要以一定的构造方式建造起来，宅居所用材料的多少、贵贱和结构方式决定着民居建造的规模、质量和等级。富有者可在建筑的大门、屋顶和室内进行华丽的装修，而贫穷者只能以泥墙挡风雨、薄瓦蔽身。

然而，劳动人民的智慧是无限的。他们利用当地的材料，如木、竹、灰、石、黄土，根据当地的自然条件和自己的经济水平，因地制宜，因材制用，自由发挥，按照自己的居住需要和营造规律来进行建造。因此，他们的民居充分反映了功能实际合理、设计灵活、材料构造经济、外貌形式朴实这些建筑中最本质的特征。

广大民居建造者和使用者是同一体的，自己设计、自己营建、自己使用三位一体，因而民居的实践更富有人民性、经济性和现实性，也最能反映本民族的特征和本地区的地方特色。

2.3.3　自然因素（包括气候、地形、地貌、材料等自然物质和环境因素）

民居建造是在一定的地理环境、气候条件下完成的。北方的气候干燥、寒冷，南方的气候闷热、潮湿，导致南北民居建筑的处理方式、手法都不一样。以地理环境来说，民居建在坡地、平地或水畔上，其景观效果都不一样。气候因素对民居建筑的平面布局、建筑造型以及内部空间影响更大，这也是不同地区民居形成不同模式、不同特色的重要原因。

2.3.4　人文因素（包括民情、民俗、生产、生活方式以及文化，审美观念等内容）

人口聚居使人类文明应运而生，而人类文明出现就意味着文化逐渐形成，并且自成系统。此后由于文明的扩张以及技术等条件的发展，人类开始开发水源附近的地形，并依据开发出的地形特征开始形成一系列有特色的居住形式和民居建筑，比如平原地区生活住所稳定，气候宜人，适合开展各种文农工商业活动，因此平原地区建筑无论是在建筑形式或者是细部装饰上均丰富多彩，建筑技术及艺术高超精湛；高原地区气候等条件比较恶劣，人们生活方式较之平原地区相对单调，但是当地人们对丰富多彩的生活体验的渴望丝毫不

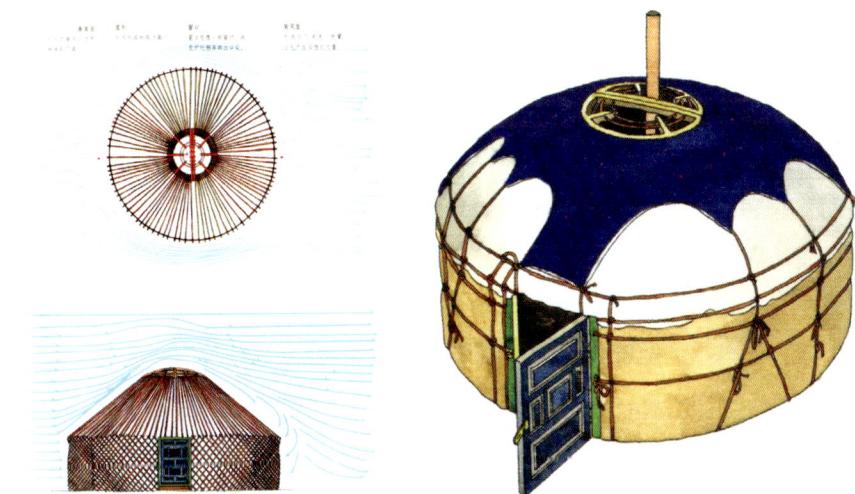

图2-22　蒙古包式民居是受经济因素影响最为突出的，古代游牧民族需要不断变换水草地，因此可拆装的建筑设计节省了不少的建筑材料，这在建筑材料缺乏的草原显得尤为重要，采用圆形的平面形式，除了结构的需要，更重要的是使用最少的建筑材料，获得最大的居住面积，流线形的建筑外观，有效地减少空气阻力，以抵御茫茫草原上的大风。

图2-23　窑洞的建筑方式源于西北干燥、寒冷的气候；南方的气候闷热、潮湿，所以多采用干栏式结构的建筑形式。

图2-24　侗族村寨布局与重点建筑

弱，这表现在高原建筑的靓丽色彩与富有特点的局部装饰上，如藏族的碉楼建筑；草原地区由于自然条件限制，牧民们逐草而居，住房多半是流动式如蒙古包；此外还有多雨地区吊角楼的发明；干旱地区坎儿井的发明；等等。

村落的整体布局，受文化因素特别是民俗与生活方式的影响也非常大，如分布在广西、贵州一带的侗族村寨，侗寨建房有一规矩，即围绕鼓楼修建，犹如蜘蛛网，形成放射状。鼓楼是侗寨特有的一种民俗建筑物，它是团结的象征，是侗寨的标志，在侗民心目中拥有至高无上的地位。在其附近还配套侗戏楼、风雨楼、鼓楼坪，构成社会、文化活动的中心，俨然侗寨的心脏。每逢大事，寨中人皆聚此商议，或是逢年过节，村民身着盛装，在此吹笙踩堂，对歌唱戏，通宵达旦，热闹非凡。许多侗寨，为适应村民拦路迎宾送客、对歌交朋结友的特殊需要，在村头寨尾修建木质寨门。寨门造型多种多样，或似牌楼、凉亭，或似长廊、花桥，将风光如画的侗族村寨装点得更加美丽。这种别具一格的公共建筑物，虽然不是民居，却是以民居为主要载体的侗寨所不可缺少的。

2.3.5　风水因素

风水观，古称堪舆学，它来源于阴阳五行学说，原是古代阳宅和阴宅在择位定向中考虑气候、地理环境的一门学说。阳宅即民居建筑，例如，在农村，对民宅的选址一般以形成一种比较固定的负阴抱阳模式，即村前要有流水，村后要有高山，房屋坐北朝南，地形前低后高。从现代观念来分析，这种布局原则还是有科学性的。譬如村落面靠流水，这是食水、交通、洗涤的需要；村前高山作屏，可抵御寒风侵袭；地形前低后高，说明坡地上盖房子既要求干燥又要易排水，对居住及人体健康有益。

　　风水观念中还有一种象征和压邪思想，如江南、皖南一带民宅喜用马头墙。所谓马头墙，就是将山墙头部位做成台阶式盖顶，在盖顶之前缘部位，使墙头上翘成似马头形状，称为马头墙。据当地老人讲，山墙做成马头形状，说明该户家族中曾有人中举。武官用马头状，称马头墙，文官则用印章、方形，称印石墙。实际上，山墙做成马头墙或印石墙，是显示住户家庭中举、有朝官的一种建筑表现的炫耀方式，而老百姓家只能用双坡屋面。

　　广东潮州民居的山墙墙头部分有做成金、水、木、火、土五行方式的，也是同样的道理。在实际调查中，民居建筑通常用两种山墙：一是曲线形，称水墙；另一种是金字形，称金墙。依照五行相生相克学说，水压火是五行相克论说，金生水，水克火，是五行相生又相克的论说，其目的和意图都是为了压火、防火。古代建筑因是木结构营造，最怕火灾，建筑一旦失火，无法可救，但当时科学水平有限，无法采取有效的防火措施，于是采用压邪这种祈望吉祥平安的心理手法，从而可见天地观念对民居建筑的深刻影响。

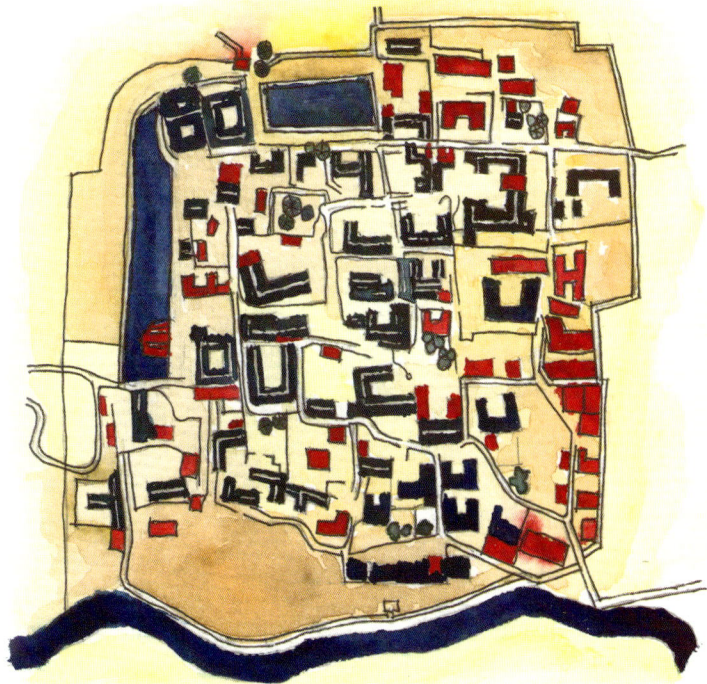

图2-25　宋孝宗淳熙五年，苍坡村的先民与国师李时日商议村落选址和建筑规划，他们以阴阳五行为依据，按八照卦：西庚辛属金，但西面有座"笔架山"，山形似火焰，在这里建村容易失火；北壬癸属水，照理可以克火，但预定北侧没有大水塘，不能克火；东甲乙属木，火会引燃到北面；南丙丁属火，会加强火的势头。这样一分析，整个村子都将在火的威胁之下，所以为了克火，决定在村子南侧建一方形水塘，以重点镇火；在村子的东侧建一条长条形的水池，成为防火隔离带，以抵挡"火"烧"木"；在村的四周开渠引溪，引北方的"水"来环抱苍坡村，使得水火平衡

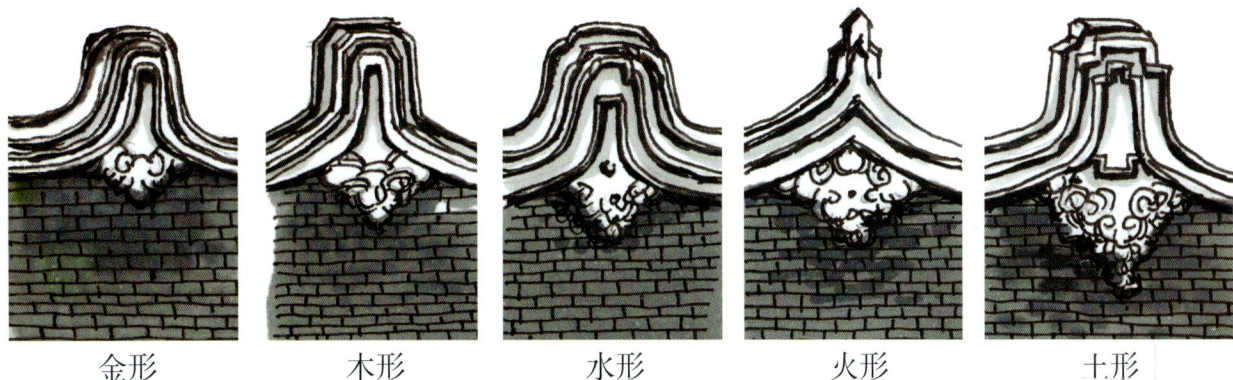

| 金形 | 木形 | 水形 | 火形 | 土形 |

图2-26　做成金、水、木、火、土五行方式的山墙墙头

第3章　中国传统民居美学表现与艺术特征

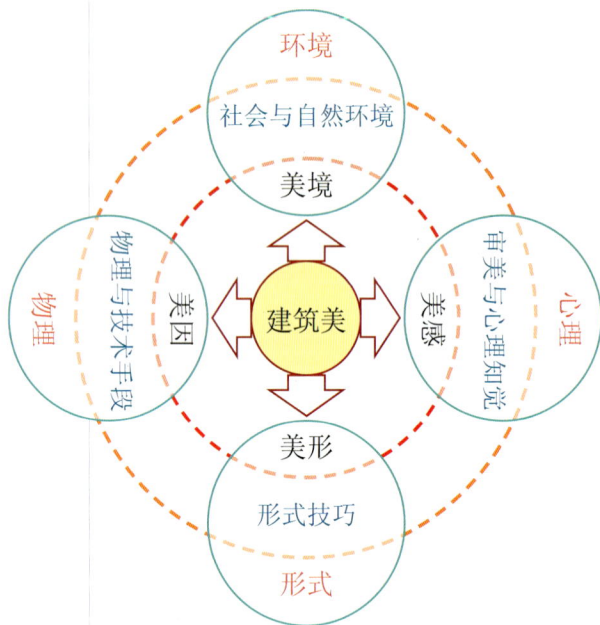

图3-1　建筑美与环境、艺术、心理、技术关系图

民居是传统建筑文化的重要组成部分。人们因地制宜，利用当地有利自然条件，用经济、天然手段建造各种民居，达到抵御各种不利因素并获得舒适居住空间的目的。从穴居、巢居开始，人们就不断地努力改善自己的居住家园，在长期而广泛的建设实践中，建造了许多美的民居建筑。

3.1 关于建筑美学

美学研究很大程度上将"美"当作一个哲学的虚体对象进行研究，与此不同，建筑与人的生活紧密相关，建筑中的"美"涉及因素众多，有着独特而又丰富的内涵。建筑美的独特之处在于建筑美是综合的，与环境、艺术、心理、技术等因素相关。

建筑美与环境相关，这里的环境包括地理、气候、生态等自然环境，同时也包含历史、文化、民族、地域等社会人文环境。建筑美要与周边环境相协调统一于自然环境，不同时代、民族、地域的建筑往往有着不同的反映；建筑美与艺术相关，建筑设计要满足艺术美的各种基本规律，与其他艺术形式一样，建筑的美与形式美的基本规律息息相关；建筑美与心理相关，建筑由人创造，为人使用，建筑的美必须能对使用者有着不同的心理感受；建筑美与技术相关，建筑不能只停留在设计图纸上，它必须要能被实施建造，因此建筑必须遵从建造的技术条件，同时，技术的重要性也使建筑技术本身成为建筑审美的一大环节。

3.2 中国传统民居美学体现

中国传统民居是一种具有悠久历史的建筑类型,对人们的生活有着深刻的影响。传统民居历经岁月的变迁,在华夏960万平方公里的土地上繁衍出异彩纷呈的民居类型,传统民居遵循着一种潜在的模式语言,在满足人们物质生活需要的基础上,始终遵循美的规律,处处表现出东方美学的神韵,将美学思想深深传递在民居建筑艺术之中。

3.2.1 朴素的哲学之美

传统民居中蕴含着深沉而委婉的古代哲学思想。"天人合一"是中国传统文化的最高境界,浓缩了中国传统文化的全部特征和精神,传统民居中"天人合一"的美学思想将古代朴素的唯物论表现得淋漓尽致。"天人合一"就在于实现个人与社会和谐统一、个体与群体和谐融洽。中国村落民居在整体上以和谐取胜,村间"阡陌交通",邻里"鸡犬相闻",个体具有成熟、巧妙的通用性,有着材料、色彩、质感细部的精妙变化,有着青山碧水、绿树黄花的村落环境,但是这些在居所的主体——人的面前都淡化为潜隐状态了。民居的意义不在于炫耀,而是提供一种恬淡、安逸的空间。传统民居深谙道家哲理,崇尚自然。人类远离荒野,聚族而居,为了防御自然的风吹日晒,建室筑屋,砌墙围院,又在墙上开窗,引窗外景致,透绿纱听虫声,追忆自然的野趣。人与自然之间的距离产生了美,居所使这种美得以实现。这种内在精神的美不仅表现在热烈的艺术观上,更表现在传统民居的整体环境和居民的生活情境上。民居群落以其在人文环境中可以见到的最自然的真实激发人的美感。

图3-2 安徽宏村古朴的建筑与青山绿水相融相衬,给人一种恬淡、安逸的美

3.2.2 强烈而浓郁的艺术之美

● 自然之美

传统民居不能与山间、竹林、流水等自然环境因素分开，正所谓"天然去雕饰"，通过层次渐进的变化、空间的灵活组合与分割及借用，因地制宜，与自然环境巧妙融合，结合庭院绿化，创造出优雅的环境。或依山傍水、高低错落；或孑然独处、简约空旷；或小院青青、宁静安详。丰富的空间变化、整体的空间意境总是给人一种强烈而鲜明的艺术感，与自然环境的完美结合散发着浓郁的乡土气息，更给人新鲜、生动之感，充分体现着民居的自然之美。

图3-3 民居的自然之美

图3-4 西双版纳的干栏式竹楼

图3-5　福建客家土楼

● 形式之美

传统民居在表现形式上统一和谐，又富有变化，中国民居以群体取胜。在同一村落中，个体协调统一，但决不千篇一律，呈现出高低起伏、大小虚实的情趣和意境，屋顶的交错跌宕、屋顶与墙面色彩的对比、门窗跳跃般的间隔排列都令人感到音乐般的优美节奏和旋律。透过变化、叠加的个体，组成群体与自然诗意的结合，整个村落呈现出整体统一性，形成任何一种文化都不能超越的有机画面。民居外部造型的设计也表现出与自然协调的意念，它虚实结合，轮廓柔和，曲线丰富，在稳重中呈现出一定的变化。如西双版纳的干栏式竹楼，架空底层的轻盈、灵秀，与庞大、厚重的屋顶构成虚与实的强烈对比，形成富有独特魅力的艺术造型。

● 装饰装修艺术之美

在我国传统民居中，装饰装修是建筑实体上的附加美，在细部处理以及建筑色彩和建筑符号方面，做到经济、适用。运用简练的手法，取得丰富的艺术效果，于质朴中见高雅，具有很高的艺术欣赏价值。民居的装饰艺术恰当选用我国传统的绘画、色彩、图案以及书法、匾额、楹联等多种艺术形式，将各类艺术灵活运用，使得建筑性格和美感协调统一。在塑形装饰方面，传统民居建筑十分注重上部轮廓线的变化，丰富的天际轮廓线，使得建筑的立体感更加丰富强烈，如皖南民居的马头墙组合，设计师采用抽象手法将其设计成昂首长啸的马头，工匠依屋面的坡度做成不同的马头状，线条简洁流畅，似天马行空，气势非凡，给人以无尽的遐想和空灵的美感。雕刻、彩描等更是民居塑形装饰中不可缺少的重要元素，通过在民居建筑中的应用，使各种装饰品种协调在同一空间中，从而相得益彰，和谐统一。在色彩装饰方面，汉族民居装饰很少大面积使用鲜艳的色彩，而多以材料原色或清淡的色调为主，一般民居不能用琉璃瓦、朱红色和金色装饰，以大面积的素雅青灰色墙面和屋顶为主要色调；江南民居常用粉墙为基调，配以灰黑色的瓦顶，栗壳色的梁柱和栏杆，运用淡褐色或木纹本色的装饰，衬以白墙与灰色的门窗，形成素净明快的色彩；少数民族民居色彩则较为鲜艳，色调也丰富。

图3-6　民居的装饰之美

图3-7　浓郁的地方民族风情

3.2.3　地方风情的民族之美

从社会和人文环境来看，传统民居从空间和形式上反映了不同居住者的性格和审美特征。如北方民居简洁、实用且浑朴，不由让人联想到北方人粗犷、坦诚和质朴的性格；南方民居造型变化多样，空间奇巧，色彩淡雅，表现了南方人性格的文静、灵活和细腻。又如红黄蓝白黑的五色装饰在青藏高原的丽日蓝天下具有夺人心魄的艺术魅力，但在江南的迷蒙烟雾、绵绵梅雨中，所有鲜明的色彩都会变得色调暗淡，唯有黑与白方能体现自我的亮丽。不同地域在建筑群体组合、院落布局、平面空间处理、外观造型等方面，都独具风格，充分体现了五彩斑斓的地域建筑艺术。

图3-8　北方的庭院与南方的天井

3.2.4　淳朴的实用之美

民居的空间、结构、部件，大多源于实用，但也不失其丰富的艺术价值。如作为江浙皖一带水乡民居的特色标志的马头墙，实际功用是防火隔离带，墙顶竖着的青瓦则是为修补屋面而设计的。在山光云影、湖光水色掩映下，一簇簇马头墙古朴典雅又变幻多姿。中国传统民居南北方的院落类型截然不同，北方四合院宽敞，充分接受阳光照射，为了充分采光，应对冬季寒冷的北风，南窗较大而北窗较小或不开窗；南方将"院"缩减成"天井"，造成幽闭阴凉的内部环境，以避免大量阳光直射，在天井院落中种花植草或开辟水面，把自然景观引入建筑中。创造的小环境不仅起到了改善环境调节小气候的作用，而且很实用，同时达到了美化环境的作用，呈现出一种绿色的、可持续的生命力，无意识地促进了传统民居美学意义上的提升。

3.2.5 自然的生态艺术之美

从自然环境来看,中国传统民居的设计,反映出了强烈的环境意识。由于我国幅员辽阔,传统民居最大限度地利用当地的地形、地貌,体现了典型的生态建筑艺术。在建筑总体布局方面顺应自然地形,随高就低,错落有致,节约土地,不占良田,注意水土保持,不破坏自然景观,将建筑与大自然和谐融合。如西南山区干栏式民居建筑结合地势低层架空,高低错落,江南水乡民居多与河道密切结合,甘肃一带的窑洞民居则充分依托黄土崖,构成了丰富多彩的建筑类型和各具特色的建筑风格。民居建筑大都是因地制宜,就地取材,基本采用砖、瓦、木、泥等材料建造而成。木材一般选用本地区常见的树种,且经济实用,体现了人与自然的亲和关系。虽然使用的材料极其普通,但每种材料都有一种质朴之美。傣族的竹楼,凭借当地盛产的竹资源,利用竹子正反面色泽质地的不同,编制各种图案花纹做成建筑墙面;窑洞民居建筑,利用黄土所特有的保温隔热性能,冬暖夏凉。

优秀的传统民居,以它亲切的乡土风情、质朴率真的品格、与大自然和谐相宜的精神,必将散发着永恒的魅力。传统民居是建筑艺术的瑰宝,无论是现在还是将来,其所蕴含的美学思想必将更加渗透到建筑艺术中去,为构筑具有中国民族特色的建筑风格作出巨大贡献。

3.3 中国传统民居的艺术特征

3.3.1 建筑材料

中国传统民居的建筑材料主要以木材、土、石、砖为主。传统的木结构与土、石砖相结合,衍生出独特的中国传统建筑结构形式。建筑整体上从形体到各部分构件,利用构件的组合和各构件的形状及材料本身的质感等进行艺术加工,达到建筑的功能、结构与艺术的统一。

3.3.2 斗拱结构形式的创造

斗拱结构是中国古代人民的智慧结晶,是屋顶与屋身立面的过渡,它是中国古代木结构构造的巧妙形式,也是最有特点的部分。斗拱的产生和发展有着非常悠久的历史。从两千多年前战国时代采桑猎壶上的建筑花纹图案,以及汉代保存下来的墓阙、壁画上,都可以看到早期斗拱的形象。中国古典建筑最富有装饰性的特征往往被皇帝攫为己有,斗拱在唐代发展成熟后便规定民间不得使用。

斗拱使人产生一种神秘莫测的奇妙之感。在美学和结构上它也拥有一种独特的风格。无论从艺术或技术的角度来看,斗拱都足以象征和代表中华古典的建筑精神和气质。

3.3.3 优美的屋面与飞檐

为保护外围的墙面,建筑屋面采用了较大的出檐。由于采光、雨水冲蚀的原因,自汉代逐渐出现了向上反曲的屋顶,形成了"如鸟斯革,如翚斯飞"的优美形象。

图3-9 斗拱

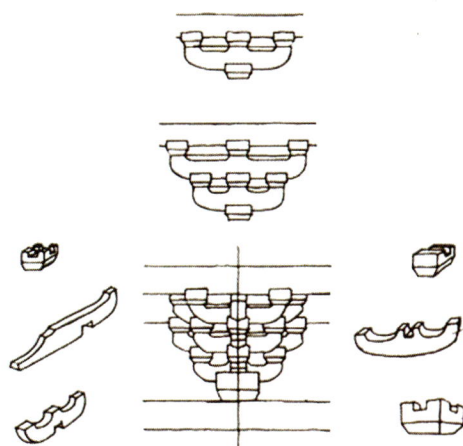

图3-10 优美的屋面与飞檐

3.3.4 建筑单体标准化

中国古代的建筑，无论是宫殿、寺庙还是住宅等，往往都是由若干建筑单体进行组合而成的建筑群。中国传统建筑单体的外观轮廓均由阶基、屋身、屋顶三部分组成。阶基承托着整座房屋；屋身由木制柱作骨架，其间安装门窗隔扇；屋顶和屋面做成柔和雅致的曲线，四周均伸展出屋身以外，上面覆盖着方形、八角形或者圆形的青灰瓦等。而供观赏用的园林建筑，则可以采取套环形、字形或者扇形等平面。

3.3.5 重视建筑组群平面布局

以间为单位进行组合，开间、单体、庭院，其原则是内向含蓄、多层次，力求均衡对称。除特定的建筑物如城楼、钟鼓楼等外，单体建筑很少露出全部轮廓。每一个建筑组群均由一个或者多个庭院组合而成，其组合形式的多样性，以及建筑层次的丰富感，可以恰好地弥补建筑单体定型化的不足。中国传统建筑组群的平面布局一般采取左右对称的原则，中心为庭院，而四周为房屋。组合形式均根据中轴线发展，唯有园林的平面布局，采用自由变化的原则。

3.3.6 灵活安排空间布局

室内间隔采用窗、门、罩、屏等便于安装、拆卸的活动构筑物，能任意划分，随时改变；而室外可以利用栽植树木花卉，叠山辟池，搭建凉棚花架或走廊的方式，来分隔空间，同时增添生活情趣。

3.3.7 色彩装饰手段多样化

传统建筑结构为木构材质的梁柱框架，因此需要在木材表面施加油漆等防腐措施，经过中国历代工匠的不断革新而发展成为中国特有的建筑彩画、油饰。北魏以后出现的五彩缤纷的琉璃屋顶、牌坊、照壁等，使建筑灿烂多彩、金碧辉煌。中国建筑的另一色彩特点，就是巧妙地使用了天然原色，北方因天气寒冷，在建筑上喜欢用浓重的色调，如淡红色的墙身，朱红色的大门，青灰的屋瓦等。南方因气候较温暖，喜欢用白色的墙身与浅褐色的木材本色，使建筑显得幽雅而明快。

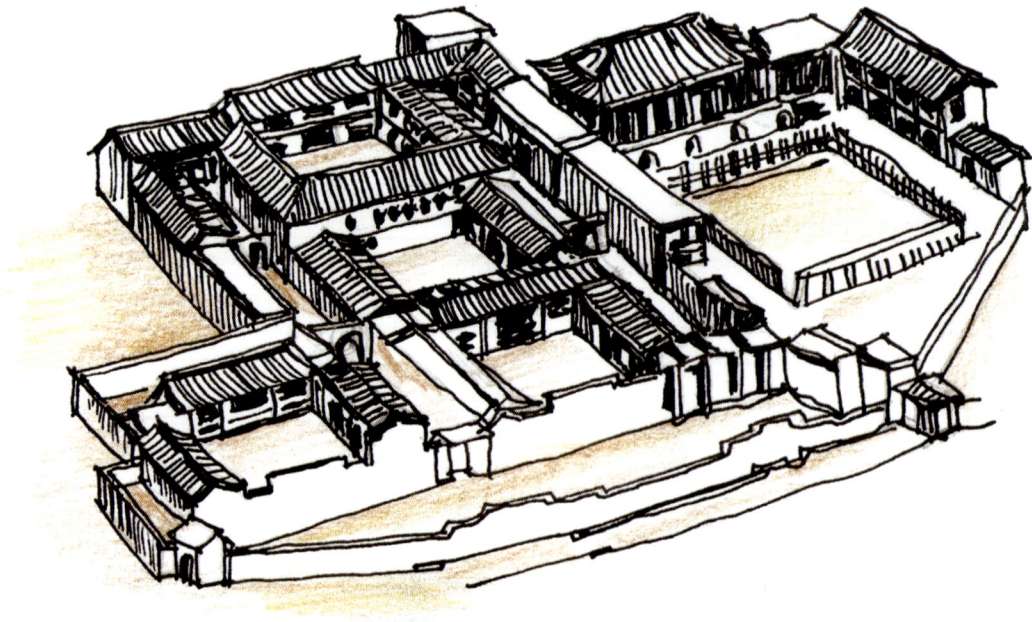

图3-11　建水团山村张家花园"四合五天井"式平面布局

第4章　中国民居解构及运用

4.1　中国民居的构成元素

4.1.1　中国民居的空间意境

"民居"是人们居住的家屋，它是人类建筑活动的源本，是人类乡土文脉的生存空间。中国传统民居作为一种小范围空间的再创造，建筑空间是这个创造中的主角。而民居所塑造的独特空间，让人在体味传统文化的同时，在独特的禅境中净化了心灵，找到了本源。中国人对空间的传统定义包含了有与无的对立统一，这种观念形成了中国人特有的思维方式，形成中国人传统的审美意识。民居的空间关系主要包括两个方面：第一，室内空间，它们是室内空间的变化及联系；第二，室外空间，包括庭院空间和周围环境。

●室内空间

实体为实，空间则虚。在传统的民居空间里，空间的虚实构成，因各民族的生活习俗的差异，会相应产生不同的空间组织结构。如苏州民居的室内，实墙屋顶围合的空间为"实空间"；前后步柱限定的空间，为"虚空间"。它的"虚"并非是"无"，而是更多的在无形中的"有"。有和无还具有时间观念，正是这种有无相生的构成法则在传统民居建筑中随着时间的推移，这种空间的形式就能发生变化，原来的私密性空间可以变成半公共空间，半公共空间也能转化为公共空间。有与无之间的转换正诉说着属于民居自身的独特禅味。

这层层转合的空间区域，使局部和谐于整体，整体包含于局部，造成了内部空间的平衡得体，是民居室内空间整体分隔与局部和谐的多样、复合、统一的有力表现。无不是空无一切，而包含着深刻的有。无是对有的更高发现。民居空间中，需要人用心体味的"无"，较之让人直观明了的"有"，更具震撼，更易让人融入其中。所以"有"是"表诠"，"无"并非不诠，而是"遮诠"。人们往往会在一种虚空间的无中体会到实空间的"有"，让人体味到空是一种意境，一种心灵体验。

●室外空间

空间构筑环境，环境塑造空间。中国传统民居以外封闭、内开敞、自然景物与建筑内外结合为其特点。对外封闭，防风沙、保安全，避免外部人群活动的干扰，使内部有安静、自由与独立的生活空间。对内开敞，可使大自然的天空、阳光与移植的鱼、鸟、花、木、山石、池水同人们室内生活保持密切联系。

中国民居传统中最为经典的"家园"，即有"家"必有"园"。住宅的庭园要求有一定的私密性，又要求一种与入口的联系性，布置在半前半后的位置才能达到这种"似与非似之间"的隐与现的平衡。中国传统民居自成院落，由建筑以外的空间加上围墙自然形成，院落不仅是人们基本生活空间的延展，也往往是一家老小聚集闲聊、休憩所在，让人从室内空间到"户内+户外"空间。随着人们对自然的认识越来越深，向往自然、回归自然的行为潜意识或有意识的形成，人们开始在庭院中营造自然景观，以求生活更为完美。

综观民居的建筑空间，可以清晰地看到它对室外空间的向往、依赖与营造。无论是纯粹的室外空间还是半室外空间，以及室内空间对大自然的依赖，其间都蕴含着丰富的自然意识，一种对自然的执著追求，一种对和谐的渴求。李泽厚先生说："意境是意与情、理与境、形与神的统一，是客观景物与主观情趣的统一。"传统民居往往追求客观环境及其本身的建筑艺术所产生的感染力构成的"情景交融"的意境。

4.1.2 中国民居的空间要素

● 流线

中国传统民居以建筑群体组合为家庭单位，主次分明，有明确的流线。主次流线依轴线层层深入，明确的流线关系成为人们心中的导游地图。例如北京这样的历史名城，城市分为几个主要区域，如东四牌楼，西四牌楼，东单和西单，每个区又有大街、中街、小街，街道再通过胡同小巷，胡同中才是住家门户，有明确的流线层次。

四合院过去是人们最理想的建筑形式，而北京四合院又是其中最具有代表性的一种。其布局讲究尺度与空间，一般按中轴线对称分布，房舍、院落在整齐中见变化。四合院四方四正，对称平衡，烘衬出严分内外、层次井然的家族氛围，体现了尊卑有序、长幼有别的中国传统伦理观念。

典型的北京四合院一般为两进以上的院落。有的院落可以达到四列五进，形成长长的纵向轴线。四合院内院由二门起到正房止，这个院落的平面为正方形或接近正方形，常有游廊围绕四个拐角处，联系垂花门、厢房与正房。

中国传统民居建筑的流线有以下三个特点：

（1）从当地居民的传统习惯出发，组合建筑时，以主体建筑为核心，形成明确的流线；

（2）由入口直接通向下一个主要流线空间；

（3）进入一个流线空间之后又与下一个区域有明确的联系。组成流线的每一部分应有自己适当的称呼，如前庭、后院、跨院、前门、后门、旁门等。门道、门楼的命名都有助于人们方便地找到所要去的地方。

● 格局

格局是组织建筑群体构图的关系，中国传统民居的三合院、四合院形式正是以庭院为公共中心的内向的家庭组合体，建筑的组成有严谨方整的格局。如典型的北京四合院，由一条纵深的轴线贯穿其中，左右的空间严格对称，不但明确了起居生活的行为主线，也形成了建筑时空的观赏动线，更强调了父权的威严和封建专制的等级制度。建筑之间围绕纵横轴线形成前后左右对称的布局；每一个庭院空间也自成完整的格局；建筑群之间的相互连接的檐廊、转角回廊、院墙与垂花门等也自成格局。在一条纵轴线上前后院落的排列俗称"步步升高"，而每一个院落都有一个正堂。四合院落叫作"四进堂"，五层院落叫作"五进堂"，在皖南甚至有"九进堂"。每进一堂便递高一级，这就是风水上说的"前低后高，子孙英豪"。

● 主题建筑

中国传统民居的布局特点是群体建筑组合，群体中有主体建筑，主体建筑在城市中控制着道路和其他从属建筑，是整个建筑群体布局的核心。把建筑中的一部分作为主体处理时，就形成了建筑群或家庭住宅中的核心部分，例如中国传统住宅中的起居室或堂屋。要精心选择建筑组合中人们生活或活动的中心部分作为主体建筑，把它布置在最重要的轴线部位，并安排高大的屋顶和显眼的外形体量。

● 建筑组合体

中国传统民居不仅注重组合体自身的布局变化，更注重街、坊、院落相互之间的划分与联系，成组成区地布置具有社会生活内容的建筑社区组合。这种组合可以表现出组织邻里生活社会化的思想。

昆明"一颗印"的住宅是典型的以家庭为单元的标准化建筑组合体。它们的平面布局都是由正房、厢房、倒座组成"三间两耳倒八尺"的形式。正房三间两层或三层；两厢为耳房，稍矮于正房一点；门廊又称倒座，进深为八尺，中间形成为一小天井。"一颗印"民居高耸的外墙一般无窗，高墙闭合，宛如城堡，偶尔会有些小窗洞出现在耳房的山墙上。"窨子屋"的四周界面也是由坚实厚重的封火墙包裹得严严实实。

● 院落空间

中国传统民居的一个显著特点是基本上均采取以庭院为核心的内向性布局，无论是北方的合院住宅还是南方的客家土楼建筑，都是由多进层次的院落或者内天井组合而成的。中国自古有"阴阳相济"、"天人合一"的观念，在这种阴阳合成的观点下，中国民居从南到北也塑造了以院落为中心的基本平面格局，即建筑空间外为阳，内为阴，高为阳，平为阴，庭院可视为阴中之阳，阳下之阴。屋宇为阳（实），而院落为阴（虚）。

庭院是建筑的通风口，是气流聚散的会合处，院落空间和室内过厅穿堂等连在一起形成一个较大的气流网络，使住宅内气流畅通，较好地解决了住宅的通风问题。同时，庭院是居住的生活中心，作为人同外部自然世界接近的场所，在院落内引进了自然环境。

4.1.3 中国民居的形体结构

● 屋顶

中国传统建筑除了皇家建筑、王府建筑的巍峨高耸、等级森严外，更多的精华与精髓也在民间。千姿百态的民居建筑在发挥其基本功能的同时，也浓缩了中国博大精深的文化与艺术，使之不仅是一部建筑史，更是一部可以传承的艺术史、文化史。

　　中国地域宽广、民族众多、环境气候各异，因此民居形态也是异彩纷呈，屋顶变化种类繁多。民居的屋顶形式有：歇山顶、攒尖顶、悬山顶、硬山顶等。大多数的民居是悬山式屋顶和硬山式屋顶，一般祠堂的建筑入口屋顶多为歇山顶与庑殿顶；祠堂则多歇山式、庑殿顶与硬山式的组合。这些形式多样、组合造型灵活多变的屋顶，体现出湖南传统民居雅致的风格，再加上美丽的飞檐，构成了一道道靓丽的风景，它融合于青山绿水之中，让居住者心旷神怡，让观赏者赏心悦目。

● 墙体

图4-1　硬山式屋顶

硬山式屋顶

　　硬山式屋顶是传统民居常见的屋顶的构造方式之一。硬山式屋顶有一条正脊和四条垂脊，屋面仅有前后两坡，左右两侧山墙与屋面相交，并将檩木梁全部封砌在山墙内，左右两端不挑出山墙之外的建筑屋顶叫硬山式屋顶。明清时期及其后，硬山式屋顶广泛地应用在我国南北方的民居建筑中。硬山式屋顶是一种等级比较低的屋顶形式，所以屋面都是使用青瓦，并且是板瓦，不能使用筒瓦，更不能使用琉璃瓦。

悬山式屋顶

　　悬山式屋顶与硬山式屋顶一样有一条正脊和四条垂脊，屋面有前后两坡，而且两山屋面悬于山墙或山面屋架之外的建筑，称为悬山（亦称挑山）式建筑。悬山建筑稍间的檩木不是包砌在山墙之内，而是挑出山墙之外，挑出的部分称为"出梢"，这是它区别于硬山的主要之点。

　　以建筑外形及屋面做法分，悬山建筑可分为大屋脊悬山和卷棚悬山两种。大屋脊悬山前后屋面相交处有一条正脊，将屋面截然分为两坡。常见者有五檩悬山、七檩悬山以及五檩中柱式、七檩中柱式悬山（后两种多用作门庑）。卷棚悬山脊部置双檩，屋面无正脊，前后两坡屋面在脊部形成过陇脊。常见者有四檩卷棚、六檩卷棚、八檩卷棚等。

图4-2　悬山式屋顶

歇山式屋顶

歇山顶共有九条屋脊，即一条正脊、四条垂脊和四条戗脊，因此又称九脊顶。由于其正脊两端到屋檐处中间折断了一次，分为垂脊和戗脊，好像"歇"了一歇，故名歇山顶。其上半部分为悬山顶或硬山顶的样式，而下半部分则为庑殿顶的样式。歇山顶结合了直线和斜线，在视觉效果上给人以棱角分明、结构清晰的感觉。

歇山式的屋顶两侧形成的三角形墙面，叫作山花。山面有博风板，山花和博风之间有段距离，可形成阴影。为了使屋顶不过于庞大，山花还要从山面檐柱中线向内收进，这种做法叫收山。

屋脊上有各种脊兽装饰，其中正脊上有吻兽或望兽，垂脊上有垂兽，戗脊上有戗兽和仙人走兽，其数量和用法都是有严格等级限制的。

图4-3 歇山式屋顶

攒尖式屋顶

攒尖式屋顶没有正脊，而只有垂脊，垂脊的多少根据实际建筑需要而定，一般双数的居多，而单数的较少。如：有三条脊的，有四条脊的，有六条脊的，有八条脊的，分别称为三角攒尖顶，四角攒尖顶，六角攒尖顶，八角攒尖顶等。此外，还有一种圆形，也就是没有垂脊的。

图4-4 攒尖式屋顶

　　我国古代建筑大多为木构架，在木构架的下部外面还有一层围护结构，这就是墙体。我国古代建筑的墙体材料主要有土、石、砖。土材料砌筑的墙称之为"土墙"，石材料砌筑的墙称之为"石墙"，砖材料砌筑的墙称之为"砖墙"。土、石、砖在具体的建筑中，根据墙体的位置与作用不同、外观形象不同、装饰的区别，而生出各种变化，产生丰富的墙体形式，有檐墙、槛墙、山墙等。除了围合个体建筑的墙体，还有一些独立的墙，如影壁等。

图4-5　檐墙

檐墙

　　檐柱与檐柱之间，叫檐墙。在前檐的叫前檐墙，在后檐的叫后檐墙。前檐墙一般用于民宅，宫殿及大型宅第则习惯用门窗等装修前檐。后檐墙（有廊子的建筑也叫后金墙）则普遍砌筑，北方厚砌以防寒，南方可薄砌。后檐墙亦有做成防火墙者，多砌于后檐柱之外，也叫封护檐墙。

图4-6　槛墙

槛墙

　　在有窗子的部位，从地面到窗槛下的矮墙，叫槛墙。一般住宅多用砖、石、泥土砌筑。相对来说，北方常用砖、石、土砌筑，南方则多用木板壁，或用夹泥墙。

山墙

建筑物两端的横向外墙一般称为山墙。古代建筑一般都有山墙，它的作用主要是支撑建筑上部的屋山、隔开相邻住宅和防火。

山墙有三种形制。一是人字形，比较简洁实用，修造成本也不高，民间多采用。二是锅耳形，线条优美，变化大，实际上它是仿照古代的官帽形状修建的，取意前程远大，因它的形状像铁锅的耳朵，民间俗称镬（锅）耳墙。锅耳墙不但大量用在祠堂庙宇的山墙上，一般百姓的住宅也常运用，锦纶会馆等建筑为典型的锅耳形山墙。三是波浪形，造型起伏有致，讲究对称，起伏多为三级，实际是锅耳墙的变形，更像古代的官帽，百姓基本不用。在比较大的建筑群中它和人字形山墙、锅耳形山墙一起出现在群落里，尤显风姿。

图4-7 山墙

五行山墙

有些地区依照山墙顶端的形状，将山墙分为五行。"金"的山墙则有一个大弧，"木"的山墙特征是弧线窄而高，"水"的山墙顶端则由三到五个弧线组成，"火"的山墙形状则带有锐角，"土"的山墙则有平整的顶端。

| 金形 | 木形 | 水形 | 火形 | 土形 |

图4-8 五行山墙

叠落山墙

叠落山墙是高于建筑屋面的，最重要的是它的形体室伴随着屋面层层叠落的阶梯式，所以叫"叠落山墙"。

图4-9 叠落山墙

马头墙

马头墙，也是"叠落山墙"的一种，因形状酷似马头，故称"马头墙"。它是赣派建筑、徽派建筑的重要特色。在聚族而居的村落中，民居建筑密度较大，不利于防火的矛盾比较突出，而高高的马头墙，能在相邻民居发生火灾的情况下，起着隔断火源的作用，故而马头墙又称之为封火墙。马头墙高低错落，一般为两叠或三叠式，较大的民居，因有前后厅，马头墙的叠数可多至五叠，俗称"五岳朝天"。

图4-10 马头墙

影壁

　　影壁，也称照壁，古称萧墙，是中国传统建筑中用于遮挡视线的墙壁。旧时人们认为自己的住宅中，不断有鬼来访。如果是自己祖宗的魂魄回家是被允许的，但是如果是孤魂野鬼溜进宅子，就要给自己带来灾祸。如果有影壁的话，鬼看到自己的影子，会被吓走。当然，影壁也有其功能上的作用，那就是遮挡住外人的视线，即使大门敞开，外人也看不到宅内。影壁还可以烘托气氛，增加住宅气势。

四合院的影壁墙

大理白族民居的影壁

钱眼影壁

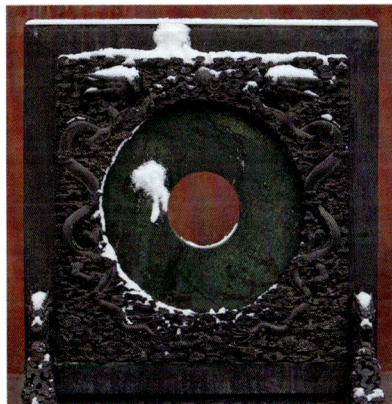
影壁的装饰

图4-11 影壁

● 门窗

　　门是人们居住的室内与外界的出入口，是居住的建筑中不可缺少的重要组成部分，是出入的必经之路。户为单扇，门为双扇。作为出入的门户又被称为"门面"、"门脸"，说明人们对门的重视，同时也说明门的作用不仅仅在于出入，它还具有隔断内外环境空间的功能。以门为界定，以门为连接点，还能起到防护作用和安全作用。在中国古代建筑中门表现得最为精彩。

在中国古代建筑中，门的造型、装饰、形式也是身份、地位的象征，因此有着十分明确的区别和形制。如皇家贵族才有大门，还有金柱大门、蛮子门、如意门等多种等级，而一般平民百姓居住的则都是最为低级的普通小门楼。

窗是建筑中的一个重要组成部分，具有多种功能，它不仅在建筑造型中发挥着重要的作用，对建筑室内空间以及建筑所处的环境都有影响。加强其造型往往会对建筑立面起到画龙点睛的作用。窗的形式千变万化，其构造、形状、位置、色彩、组合、材料、尺度、比例等各不相同，难以枚举。

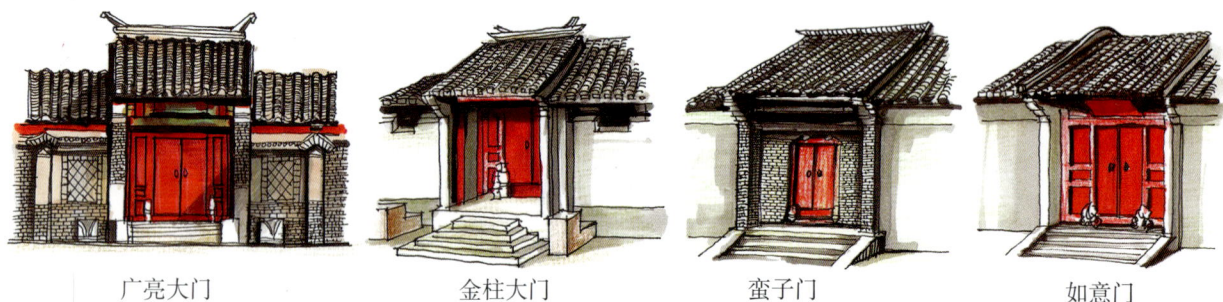

广亮大门	金柱大门	蛮子门	如意门

图4-12　北京四合院的大门

图4-13　陕西窑洞的大门　　　　　　　　图4-14　皖南民居牌楼式的大门

建筑是从古至今不断继承与发展的，而中国传统民居建筑发展的最后一个高峰，且实物留存最多的时期是明清两朝。窗子的方方面面，也是在这个时期最为丰富与成熟。

窗子的形式本来就很多，而南北各地的称呼有不尽相同，一种窗子有几种名称，有些窗子又会有几种细分类型，而且各地的细部处理又多有差别，所以非常丰富，极其多彩，主要形式有直棂窗、槛窗、漏窗、花窗等。

图4-15 直棂窗

直棂窗

直棂窗是唐代以及当代以前的建筑中常见的一种窗的形式，到宋代尤其明代以后逐渐被槛窗与各类花窗等取代。它是用直棂条在窗框内竖向排列犹如栅栏的窗子，这是棂条最为简单的一种窗子形式。直棂窗因为具体做法的不同，还可细分为不同种类，除了较为常见的竖向直棂条形式外，还有破子棂窗和一马三箭窗等变体形式。

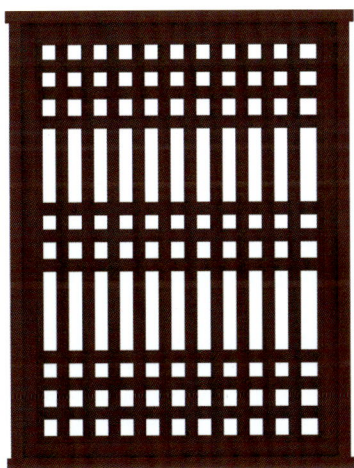

图4-16 破子棂窗

破子棂窗

破子棂窗是直棂窗的一种，其特点就在"破"字上，它的窗棂是将方形断面的木料沿对角线斜破而成。安置时，将平的一面朝内，以便于在窗内糊纸，用来遮挡风沙、冷气等。

图4-17 一马三箭窗

一马三箭窗

一马三箭窗也是直棂窗的一种，它的棂窗为方形断面，这是它与破子棂窗的不同点。但它的特点是在于直棂上、下部位各置三根横木条，也就是在一般竖向直棂条的上、中、下部位再垂直钉上横向的棂条。

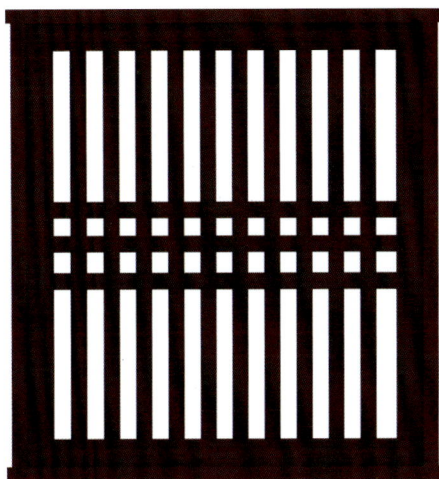

图4-18 槛窗

槛窗

槛窗是一种形制较高级的窗子，是一种安装在两根立柱之间，槛墙之上的隔扇窗。窗扇上下有转轴，可以向里、外开合。槛窗多与格栅门连用，位于格栅门两侧，形制与装饰上，与隔扇门一般保持同一形式，包括色彩、棂格花纹等，使得建筑外立面更为协调、统一、规整。

图4-19　漏窗

漏窗

　　漏窗，有时也叫"花窗"、"空窗"，这是一类形式较为自由的窗子。这类窗子都不能开启。漏窗也有沟通内外景物的作用，透过漏窗所看到的景物若隐若现，其似通还隔的视觉效果再加上窗框内的多彩多姿的各种图案，在阳光的照耀下更有丰富的光影效果，愈发显得活泼动人，优美不凡。

花窗

　　花窗与漏窗接近，一般是指在窗洞内雕或者塑出花草、树木、鸟兽或其他优美图案的窗子，装饰性与艺术性很强。明代以后的花窗，其框内的雕饰纹样极其繁多，雕刻工艺十分精美，不可一一而述，就是花窗内的窗棂格也有步步锦、龟背锦、灯笼锦、盘长纹、万字纹等，这些窗棂格的形制自成一格，一直沿用至今。

　　步步锦是由长短不同的横、竖棂条按照一定规律，组合排列而成的一种窗格图案，棂条之间有工字、或短的棂条连接、支撑。步步锦在四合院民居中被广泛运用，一是因为它的图形优美，二是它有"步步高升，前程似锦"的美好寓意。

图4-20　步步锦

　　龟背锦是以正八角型为基本图案组成的窗格形式，看起来就像是乌龟背壳上的图案，因此得名。古人以此作为窗棂图案，不仅生动美观，更有"延年益寿"的吉祥寓意。

　　灯笼锦是人们根据古代人们夜间的照明用具——灯笼的形状，加以提炼而形成的棂条图案。它的棂条排列疏密相间，棂条间巧妙地运用透雕的团花、卡子花连接，既是构件也是极其精美的装饰。灯笼锦团中间的空白如果较大，则称为灯笼框，这样中间可以装上作画题诗的纸、布等，既便于透光，更是增添了一份诗情画意。灯笼锦的寓意是"前途光明"。

　　盘长，是佛家八宝之一，又称吉祥结。是因为绳结的形状连绵不断，没有开头和结尾，用它来表示佛法回环贯彻，含有长久永恒之意。盘长图案来自于古印度，由封闭的线条回环往复缠绕而成，寓意"回环贯彻，一切通明"。

图4-21　龟背锦

图4-22　灯笼锦

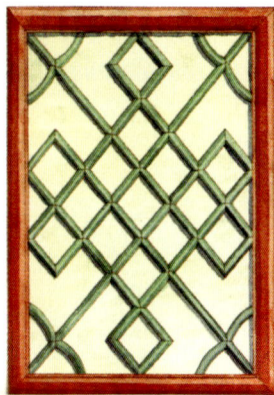

图4-23　盘长纹

冰裂纹也就是指自然界的冰块炸裂所产生的纹路，运用到窗格中的图案是经过提炼的，因而自有一种规律性，但它是自由随意中的规律，是无法准确把握的规律。它向人们传达一种自然的信息，使人产生身在大自然的愉悦感受。

万字纹即"卍"字形纹饰，中国古代传统纹样之一。"卍"字为古代一种符咒，用做护身符或宗教标志，常被认为是太阳或火的象征。"卍"字在梵文中意为"吉祥之所集"，佛教认为它是释迦牟尼胸部所现的瑞相，有吉祥、万福和万寿之意，唐代武则天长寿二年（693年）采用汉字，读作"万"。用"卍"字四端向外延伸，演化成各种锦纹，这种连锁花纹常用来寓意绵长不断和万福万寿不断头之意，也叫"万寿锦"。

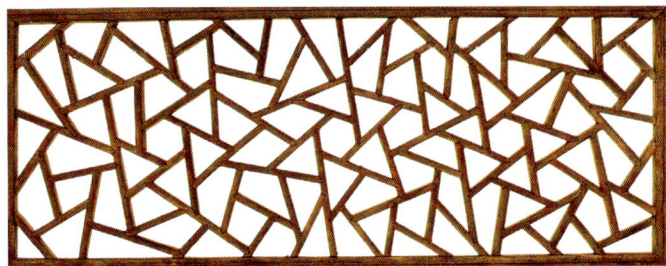 

图4-24 冰裂纹　　　　　　　　　　　　　图4-25 万字纹

什锦窗

什锦窗是一种漏窗，常常是一组一组的安排，而且窗型变化多样，因此得名，它是最为活泼可爱的一种窗型，无论是在北方四合院，还是在江南园林中极其常见。它不但可以美化墙面，还可以沟通内外空间，什锦窗的魅力不仅来自于其艺术性的造型，还来自于窗套的色彩、装饰与材料，具有很强的装饰性。

图4-26 什锦窗

● 梁架

中国古代建筑大都以木结构架为主要结构形式，梁架结构的构架形式最常见的是抬梁式、穿斗式、抬梁穿斗结合式。除了抬梁式、穿斗式和抬梁穿斗结合式的木构架外，还有两种木构架形式就是干栏式和井干式。建筑的规模大小、平面组合、外观形式，都在很大程度上受到其结构类型与材料特性的制约。一般来说，采用抬梁与穿斗式结构的民居，在建筑规模与平面变化上，比干栏式和井干式更优。各种木构架中的构件都非常多，名称也依据位置和作用各有不同，主要有梁、枋、檩、椽等。

抬梁式构架

抬梁式构架，又称"叠梁式构架"，是中国古代建筑中最为普遍的木构架形式，它是在柱子上放梁、梁上放短柱、短柱上放短梁，层层叠叠直至屋脊，各个梁头上再架檩条以承托屋椽的形式，即用前后檐柱承托四椽栿、栿上再立二童柱承托平梁的做法。抬梁式结构复杂，要求加工细致，但结实牢固，经久耐用，且内部有较大的使用空间，同时，还能产生宏伟的气势，又可创造美观的造型。

图4-27 抬梁式构架

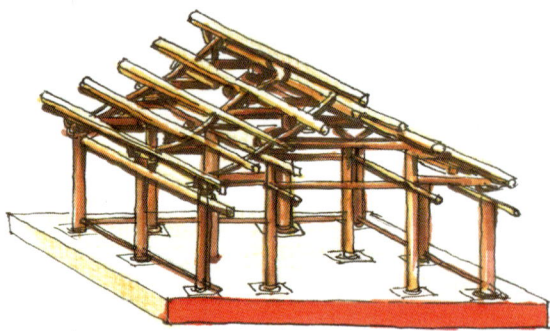

图4-28 穿斗式构架

穿斗式构架

穿斗式构架的特点是柱子较细、密,每根柱子上顶一根檩条,柱与柱之间用木串接,连成一个整体。采用穿斗式构架,可以用较小的材料建筑较大的房屋,而且其网状的构造也很牢固。不过因为柱、枋较多,室内不能形成连通的大空间。

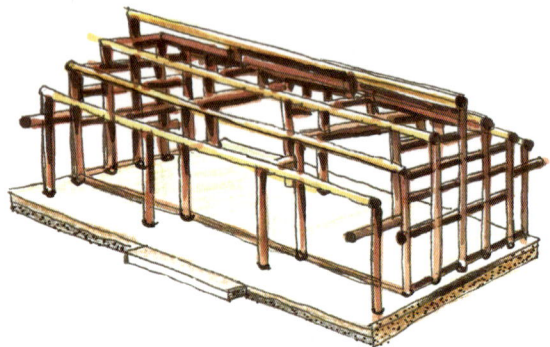

图4-29 混合式构架

混合式构架

当人们逐渐发现了抬梁式与穿斗式这两种结构各自的优点以后,就出现了将两者相结合使用的房屋,即两头靠山墙处用穿斗式木构架,而中间使用抬梁式木构架,这样既增加了室内使用空间,又不必全部使用大型木料。

图4-30 干栏式构架

干栏式构架

干栏式构架是先用柱子在底层做一高台,台上放梁、铺板,再于其上建房子。这种结构的房子高出地面,可以避免地面湿气侵入。但是后期的干栏式木构架实际上是穿斗的形式,只不过建筑底层空、不封闭而已。

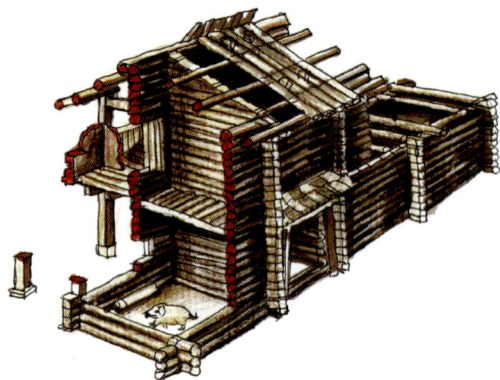

图4-31 井干式构架

井干式构架

井干式构架是用原木嵌接成框状,层层叠叠,形成墙壁,上面的屋顶也用原木做成。这种结构较为简单,所以建造容易,不过也极为简陋,而且耗费木材。因其形式与古代的水井的护墙与栏杆形式相同而得名。

● 装饰

中国传统民居在长达数千年的发展中，创造了千姿百态的住宅建筑，与西方古代建筑相比较，它的最大特征就是用木结构体系。古代工匠在对木结构的制作过程中多对它们进行了美化加工，而对砖、石构件的制作中同样也进行了或多或少，程度不同的美化加工，这些加工由简单的美的形式逐渐发展成为一种装饰。而在这些建筑的创造中，装饰无疑起到了十分重要的作用。这些装饰不仅形式多样，而且具有丰富的人文内涵，从而使装饰艺术成为中国古代建筑中很重要的一部分。

天花

在很多传统民居中，室内一般都设置顶棚，它可以美化室内，使室内看起来更整洁，也能防止梁架挂灰落土，在屋顶较简、薄的建筑物中设置顶棚，还能起到冬季保暖、夏季隔热的作用。这种我们现代人称之为"顶棚"的设置，在中国传统建筑中称为"天花"。宋代时期也叫"平棋"，清式建筑中也称为"井口天花"。在古代，天花的做法较为讲究，上面可以画彩绘、做雕刻等装饰，在一些高等级建筑中，还有一种非常讲究与突出的地方——藻井式天花。

天花在民居内基本上是遮蔽梁以上的部位，具有遮挡灰尘的作用与装饰效果。现代建筑中的"顶棚"与古代的"天花"相比要简单得多，但实际的作用相仿。天花的做法和装饰非常丰富多样，而在使用上也非常讲究，等级分明。其基本形式是用木条做成若干方格，然后在上面铺板，上面可以做各种装饰或者绘画、雕刻，等等。

铺地

铺地是用一种或几种材料对房屋内外的地面进行加工处理，使地面在使用之外更为美观。早期人们习惯席地而坐，所以室内外多用地板，后来随着家居的发展，人们渐渐改变了长久以来跪坐的习惯，在地面上不再注重做地板，而是渐渐追求对自然形式地面的美化加工，所以有了铺地。

传统民居铺地主要以砖墁地做法为主，它又可以细分为方砖类铺地和条砖类铺地。除了砖铺地外，还有石铺地、夯土地，但夯土地实际上已不算是我们现在所说的铺地了，所以我们这里要说的铺地主要是砖、石类或砖、石、瓦等材料混铺地面。

隔断

隔断指在室内用于空间的间隔，起到某种功能或者是装饰作用的构件。从广义上来说，隔断也包括起完全隔绝的墙壁，但实际上室内隔断这一词主要指一些装饰性极强的间隔物，其形式往往不完全隔绝室内空间，而是有着隔而不断的意蕴。其形式往往如各种罩、纱隔、博古架等，上面多装饰有精美细致的雕刻与绘画图案等。这些装饰精美的室内隔断，是我国传统民居中极富特色的一个组成部分。

彩画

彩画是我国传统民居建筑上极富特色的装饰元素，用色彩、油漆在梁、枋、斗拱、柱、天花板等位置刷饰或者绘制花纹、图案乃至人物故事等，这些被绘制出来的各种纹样与图案就是彩画。彩画除了具有装饰作用外，还可增加木料的防腐防蛀等性能。

我国在春秋时期就有了彩画的雏形，至秦汉时已很发达，出现了龙、云等纹样，南北朝时期受佛教的影响，彩画中又增添了卷草、莲花、宝珠、万字等纹样。随着社会的不断发展，内容越来越丰富，画法与名称也越来越多，直到明清时期渐成定制。

明朝时期的彩画，不仅已经发展到了十分成熟的阶段，而且它还对建筑的色彩起到了一个协调的作用。明清时期的整个建筑的色彩配置十分讲究。由于琉璃瓦，尤其是明亮的黄色琉璃瓦被较多地使用，为了色彩上更显突出，组合更耀眼、明丽，屋檐下的装饰一改宋朝以前的暖色调，而变为以青绿色为主的冷色调，所以，我们常说清代的彩画为青绿彩画。青绿彩画与金色的琉璃瓦顶、朱红的柱子组合，把整座建筑衬托得更辉煌壮丽。

图4-32　句町古韵主题度假山庄总体鸟瞰图——借鉴传统民居空间意境布局的现代建筑群规划设计

4.2　中国民居在现代建筑创作中的借鉴与运用

4.2.1　空间意境

中国传统文化讲究人与自然的和谐、与意境的生成，中国传统建筑的空间布局、单体构件、色彩风格甚至中国传统的书法、绘画、文学、篆刻等，不仅仅是单一符号或者元素，很大程度上展现出一种时空穿插的四维构成。例如中国有很多与建筑意境有关的诗词，如苏轼的词"转朱阁，低绮户，照无眠"，这是一种意境；"曲径通幽处，禅房花木深"，"采菊东篱下，悠然见南山"，也是一种意境，而这其中的"幽"与"悠然"更是一种文化境界。这种意境和境界是中国传统文化中的一种重要的基因。

在中国传统建筑空间以及意境的营造中，用"轴线对称"来体现中国人追求平衡与协调的宇宙观；用"合院空间"来表达尊卑秩序及忠孝精神；用"中国园林"来表达天人合一、无为而治等传统中国文化；用建筑的模数及色彩来表现皇权以及中国传统的"阴阳观"；等等。对传统建筑意境的解构（创作）基点是挖掘中国传统哲学的精髓，把中国文化中注重平衡与协调的哲学观融入现代建筑创作之中。中国传统哲学中的"天、地、人"三者的关系即为我们在现代建筑创作中常常提及的注重人工空间与自然环境的协调共生，统一和谐。

在现代的建筑创作中，我们常常借鉴传统民居建筑理念，把哲学思想中的"天人合一"用到创作之中，认为建筑与自然是一个整体，而不是仅仅把建筑做成形式。我们在进行建筑创作之时，首先在考虑平面与造型的同时，注重建筑意境与建筑氛围的营造，使人们更多地体验到一种空间气质、一种特有的空间氛围，它整体统一，细部协调，它的品质和传统的精神蕴含一种文脉的连续感。

4.2.2 空间及形态

● 类型还原

类型还原的方法是对丰富多彩的传统建筑的现实形态进行简化、抽象和还原，从而最终得出的某种产物。但这种最终产物并不能成为人们用来复制、重复生产的一种简单的"模子"，相反，它是构建模型的一个内在原则，应用于实际创作中，人们则可以根据这种最终产物或者内在结构进行多样的变化以及演绎，从而产生出多样但却统一的现实作品。如庭院式是中国传统住宅的一种普遍形式（类型），而著名的北京四合院、云南的"一颗印"和安徽的"四水归堂"等则是通过对庭院类型的变异、演化而得的。提取"四合院"的"合院"概念便是类型还原的过程，它需要从大量四合院实例的变化中总结出来，并用于描述这类建筑。我们现在可以根据这个概念，设计出千变万化、形态各异的、保留了"合院"建筑基本格局的新"四合院"，使传统的建筑居住文化依然具有新的活力。

图4-33 保留了"合院"建筑基本格局的新合院建筑设计

● 抽象提炼

按照现代建筑流派"少即是多"的建筑观点，简洁的几何形象能够使人产生丰富的联想。古代一些美学家认为圆、正方形、正三角形这样一些简单、肯定的几何形状具有抽象的一致性，是统一和完整的象征，因而可以引起人们的美感。现代建筑师也称赞这些简单的几何形状是美的体形，因为它们可以清晰地辨认。中国古代许多优秀建筑作品不论是平面形状、体形组合，乃至细部处理，都以上述几种简单的几何图形作为构图的依据，从而获得了高度的完整统一性。简单的图形可以大大增强艺术审美时的第一印象，这就是人们对简单而抽象的图形产生兴趣的动因。正如马蒂斯所说的那样："细节降低线条的纯洁度，损害情感的强度，因此我们拒绝细节。"因此，在对传统建筑符号进行解构的过程中，抓住建筑物及其建筑构件最简洁的形象特征，突出整体结构特性，运用抽象的基本形式，如消除细节、变形、夸张等，提炼出其抽象的几何图形或图案，是解构传统建筑的重要方法之一。

如由著名美籍华裔建筑师贝聿铭先生设计的苏州博物馆，在建筑构造上，摒弃那些基地周围到处可见的、千篇一律的灰色小青瓦、雕梁画栋，大量使用玻璃和开放式钢结构，现代的钢结构替代了苏州传统建筑的木质材料，由几何形态构成的坡顶，既传承了苏州城内古建筑纵横交叉的斜坡屋顶，又突破了中国传统建筑"大屋顶"在采光方面的束缚，充分体现了"让光线来做设计"的理念。坡顶和窗框被灰色的花岗岩所取代，以追求更好的统一色彩和纹理。在园林设计中，贝聿铭认为，传统园林的假山已经做到了极致，后人是无法超越的，为此，他则选择了另辟蹊径。以拙政园相邻的一面白墙为背景，在前面以石片作为假山。"以壁为纸，以石为绘"，在朦胧的江南烟雨笼罩中，将其喜爱的米芾山水画加以立体呈现，远远望去就像连绵不绝的山峦将新馆与拙政园相连，将许多苏州传统的东西，通过一种新的方式表达出来。

贝聿铭先生运用抽象提炼的手法，把中国的传统建筑与现代建筑对接，既融合了传统文化，又具有现代特征，造就了一个建筑界的经典案例，这也是中式设计的一次大胆探索，有着正面且积极的借鉴意义。

图4-34　苏州博物馆局部

图4-35　上海世博会中国馆的设计创意来源于"斗拱"这一传统建筑符号

● 构件的重组

　　传统建筑构件的重组是对传统建筑构件进行拆分后按照新的构建秩序和美学原则进行重新组合，将传统建筑构件的繁复的外在表达形式抽提除去，对其进行简化，而充分保留其能够带给人们强烈视觉冲击的部分，进行夸张、放大并重新组合。这一解构的手法在形式上对观众有着更大的刺激性和吸引力，引起人们强烈的好奇心。在这里，可以这样去理解"解构"一词，"解构"其实是从"结构"演化而来，可以认为，解构的形式实际上是对结构的分解和破坏，建筑符号的结构是指对传统建筑符号及组成规律的颠倒处理方式，通过打破原有符号结构的整体性来强调结构不断变化的特征，所以解构本身不单单是破坏，也是一种建设，是一种对结构中所存在的差异性的综合。在这里，简言之，就是对传统建筑构件的一种重新组合。

　　2010年上海世博会的中国馆，设计者完美地运用了"斗拱"这一传统建筑符号来突出其"东方之冠"的构思主题，表达中国文化的精神与气质。国家馆斗冠顶部为九宫格布局，居中升起、层叠出挑，成为凝聚中国元素、象征中国精神的雕塑感造型主体。

图4-36　传统建筑"人"字形山墙偏离其位置，用作建筑前入口

● 构件的偏离

在现代建筑设计中，使用传统建筑符号是使现代建筑体现传统神韵的主要语言，也是取得建筑和谐统一的主要手段。但传统建筑符号的使用并非必须一成不变。恰当的偏离常可以使建筑整体的形象更丰富，更能融合传统韵味，表现新的时代特征，给人以更多回味的余地。这种表现手法，我们称之为构件的偏离。

构件的偏离是指建立起复杂的新秩序，这种"复杂的新秩序"以及其中可能产生的生动的秩序都需要偏离常规的概念。比如改变构件的基本形态，重组构件的排列顺序，甚至是转移构件的原本功能等，都属于构件偏离的范畴。当然，偏离不等于凌乱无章，而是这种偏离往往来自各种制约，只要机敏地加以引导就会顺理成章，并给整体秩序注入活力。偏离不仅表现在全局性的大关系方面，而且，也表现在局部和细部的设计上。总体特征上的偏离越大，越应该注意有局部或者细部的偏移与之有呼应。否则，便会削弱整体结构的内聚力。总之，一切偏离都应有助于整体构思的表达，为偏离而偏离就必然导致混乱。

● 母题重复

在音乐中某一主旋律的重复或再出现，通常有助于整个乐曲的和谐统一。在建筑中，往往也可以借某一母题的重复来增强整体的统一性。母题重复的手法是指对传统建筑构件的整体或局部进行重复叠加。随着建筑工业化和标准化水平的提高，这种手法已得到愈来愈广泛的应用。一般说来，重复总是同对比和变化结合在一起，这样才能获得良好的效果。凡对称都必然包含着对比和重复这两种因素，中国古代建筑中常把对称的格局称

图4-37 提取骑楼山花，通过重复排列的手段，强调建筑的主题

为"排偶"，偶是成对的意思，也就是两两重复的出现。克里斯托佛·亚历山大曾说过："无度的变化是混乱的根源，相同母题的重复不仅是理性的需要，而且也是建立美的整体秩序的一个前提。"自然，重复的对象可以来自各个不同的形象要素，如形体单元的重复等。

● 构件的材质替换

在建筑的材质应用方面，传统与现代既有对比又有融合。对传统建筑构件的材质替换是指将现代建筑材质如钢筋混凝土、钢材、玻璃等运用到传统建筑形态的表达当中。使建筑构件在形态上与传统相融合，在材质上又与现代相呼应。而近代技术的进步和新材料的不断出现，特别是框架结构取代砖石结构，为自由灵活地分隔空间创造了条件，使得建筑更加灵动同时不乏传统意蕴。

第5章　中国传统民居赏析

5.1　合院民居

合院式民居是中原汉族传统居住建筑的主要形式，也称为庭院式或宫室式民居。它以庭院为中心，房屋布置于庭院四边，正房坐北朝南，厢房配列东西，倒座居南朝北，形成一个中轴对称、左右平衡，对外封闭、对内向心开敞，平面方整的建筑形制。这种建筑模式的出现与发展，受我国封建社会传统文化的礼制思想和宗族观念影响至深。随着历史的发展，合院民居由中原地带地区逐渐在中国范围延展开来。在我国，合院民居区域分布广泛，从北方的北京四合院、东北大院、山西合院到南方的闽南、福建的民居，到远离中原地区的四川、云南等地，均存有大量合院民居的实例。其中最为经典的合院民居首推北京四合院。由于各地具体情况不同，在不同地域环境与不同的文化背景下，合院式民居得以不同程度的演化，呈现出多样的民居形式。如云南的"一颗印"与大理白族民居、皖南民居、晋中民居等，各具特色，甚至自成一体。

昆明"一颗印"式民居

"一颗印"又叫窨子屋，云南合院式建筑的一种著名形式，出现于昆明通海地区，是汉族和彝族的民居普遍采用的一种类型。

"一颗印"的外观造型方正、严谨而封闭，所谓"方方如印"也，由此而得了"一颗印"这一雅号。其主要特点有：

1. "三间四耳倒八尺"建筑形制。正房、耳房毗连，正房多为三开间，两边的耳房，左右各两间，称"三间四耳"。两层正房、厢房、门廊围合成四合院。中间为一小天井，门廊又称为倒座，进深八尺，故称"倒八尺"。

2. 正房、耳房均高两层，占地很小，很适合当地人口稠密、用地紧张的需要。正房底层明间为堂屋、餐室，楼上住人，厢房（耳房）为吊厦式，底层做厨房杂用，楼上储粮。正方与两侧耳房连接处各设一道单跑楼梯，无平台，直接由楼梯依次登耳房、正房楼层，布置十分紧凑。

3. 天井狭小，正房、耳房面向天井均挑出腰檐，正房腰檐称"大厦"，耳房腰檐和门廊腰檐称为"小厦"。大小厦连通，便于雨天穿行。房屋高，天井小，加上出挑深远的大小厦，可挡住太阳高度角的强光直射，十分适合低纬度高海拔的高原型气候特点。

4. 正房较高，用双坡屋顶，耳房与倒座均为内长外短的双坡顶。长坡向内，短坡向外，可提升外墙高度，有利于防风、防火、防盗，严整紧密，宛如城堡。

5. 建筑为穿斗式构架，外包土墙或土坯墙。正房、耳房、门廊的屋檐和大小厦，在标高上相互错开，互不交接，避免在屋面做斜沟，减少了漏雨的薄弱环节。

6. 整座"一颗印"，独门独户，高墙小窗，空间紧凑，体量不大，小巧灵便，无固定朝向，可随山坡走向形成无规则地散点布置。

"一颗印"民居虽然形式较为固定，但是也可以根据经济条件与需要进行增减。如常见的"半颗印"以及将两户"半颗印"或"一颗印"并联成为一栋建筑，或将房屋的开间和厢房的多少进行变化，形成"三间二耳"、"五间四耳"等变体。

"一颗印"民居这种可分、可连、可缩、可增的标准化单元模式，为其他民居较少见，显示出了较强的适应性。

图5-1　"一颗印"民居模型

图5-2　"半颗印"民居模型

大理白族民居

大理白族在唐宋时期就积极汲取中原文化，并与本土文化相融合，唐代的崇圣寺三塔就是见证。明清时期，大理白族经济发展和中原地区差不多，建筑与汉民居"和而不同"，具有鲜明的民族特色。主要建筑形制有"三坊一照壁"、"四合五天井"、"六合同春"，以及独特的装饰手法。具体如下：

1. "三坊一照壁"

三坊一照壁为常见院落形式。三间两层房屋称为一"坊"，由一"坊"正房两"坊"厢房和照壁组成的三合院，称为"三坊一照壁"。

2. 四合五天井

由一"坊"正房、两"坊"厢房和倒座组成的四合院，除中间庭院（大天井）外，四角还有四个小天井，称为"四合五天井"。底层的正房住长辈，厢房住晚辈，长幼有序，楼上储物。

3. "走马转角楼"

四面两层内廊相连，称为"走马转角楼"，尤其重视转角处的木构件的连接与装饰，丰富多样。

4. 重视庭院绿化

白族和纳西族人喜欢绿化庭院，讲求住宅环境的优雅和整洁。多数人家的院落里，一般都砌有花坛，种上几株山茶、缅桂、丹桂、石榴、香橼等乔木花果树。花坛边缘或屋口放置兰花等盆花，种花爱花是白族的传统美德。

5. 建筑装饰技艺精湛

"粉墙画壁"是白族装饰的另一特色。粉饰部位有檐下、山尖、窗口等处，甚至在外墙檐下部位绘制山水风景。山墙一般都有腰带厦，厦以上全部山墙，用蓝白彩画装饰，或用浮雕式泥塑大山花装饰，表现出清新雅致的情趣。墙体的砖柱和贴砖都刷灰勾缝，墙心粉白，檐口彩

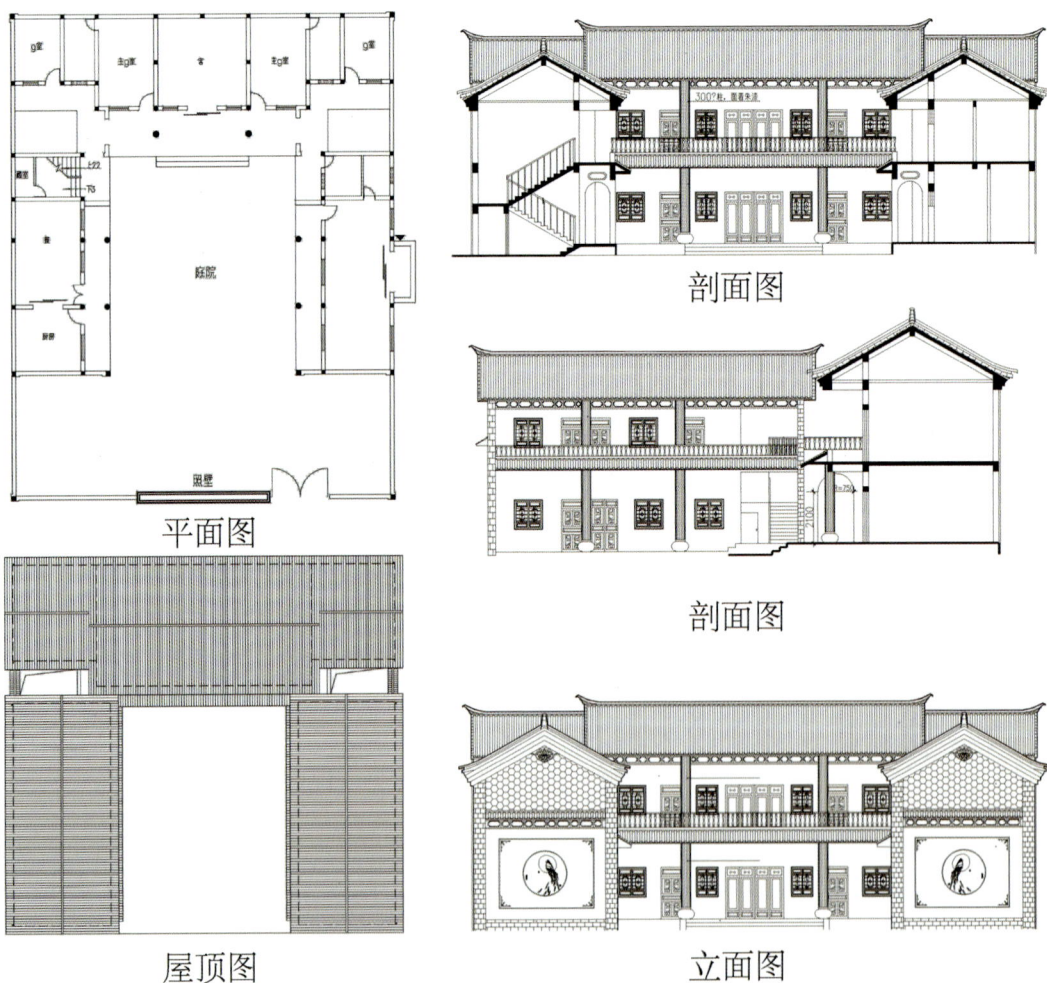

平面图

剖面图

剖面图

屋顶图

立面图

图5-3 "三坊一照壁"平面图

64

画宽窄不同，饰有色彩相间的装饰带。装饰图案一般布置在各种几何图形布置的空白处，以传统书画来装饰，内容选择一般采用有祥瑞含义和象征意义的作品，如"金狮吊绣球"、"麒麟望芭蕉"、"丹凤含珠"、"秋菊太平"等。

白族民居的装饰手法多样，木雕、泥塑、石刻、彩绘，样样精彩。大理石拼镶装饰着门楼、照壁、墙面、门窗、梁柱及地坪等部位。木雕多用于建筑的格子门、吊柱、门头等部位。白族工匠擅长"透漏雕"，多层次地雕琢花鸟鱼虫、山水人物，作品玲珑剔透，栩栩如生。

飞檐翘角的门楼很有特色，以厦式三滴水门楼最为精彩。门楼往往以斗拱层层出挑，下饰透雕的华板和花枋，砖雕精美，彩画清丽脱俗，为整个建筑的点睛之笔。

图5-4 走马转角楼

图5-5 庭院绿化

图5-6 门楼与照壁上的精美装饰

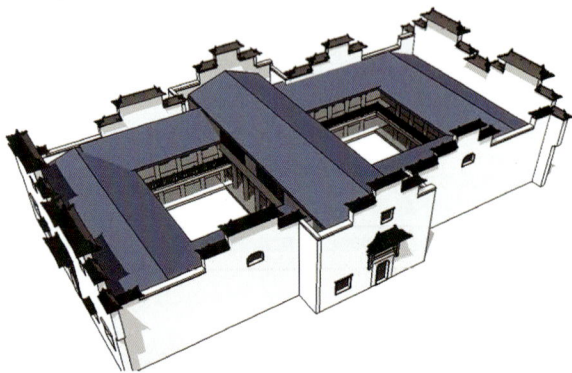

图5-7 皖南徽州民居模型

图5-8 "四水归堂"

图5-9 "五岳朝天"

皖南徽州民居

皖南民居位于安徽省长江以南山区的民居。以徽州（今黄山市、绩溪县及江西婺源县）风格最具代表性。

黄山绵延、丘陵起伏，山地占十分之九。地狭土瘠，田少民稠。民居主要特点为"粉墙黛瓦马头墙"。洁白的粉墙、黛青色的屋瓦、飞挑的檐角、鳞次栉比的兽脊和斗拱，高低错落、层层昂起的马头墙是徽式民居众多元素共同构成的唯美画卷。

院落构成特点有以下几点：

1. 合院式。

皖南民居是以毗连的、带楼层的正屋、两厢围合成的"天井院"为基本单元。它是一种以"楼居"模式为核心的组合形式，多数为三合院和四合院。少数在正房后加盖天井，更甚者在天井后再加盖楼房。

三合院还可分为大三合院和小三合院两类。大三合院由上房三间、两厢各一间及天井构成；三间上房明间为厅堂，两次间为卧室，正房对面与高墙相对，墙上开大门，设门楼。正房有高而宽的前廊步。小三合院无前廊步。

四合院为四面房屋围合的天井楼居院落，有大小之分。大四合院明间厅堂称上房，有三间，下房也有三间，明间称下厅，大门开在下厅。上厅进深大，做前檐步，下房进深浅，不做前檐步。上房尺度高于下房，前低后高，俗称为"步步高"。上下厅两侧次间为卧室，是尊长休息之所，下厅设槛门，又称为照壁门，一般在上房踏步某一侧设小门通往别厅、厨房或者杂房。小四合院上房没有檐廊，其他与大四合院相同。

2. "四水归堂"的天井。

天井面积不大，但发挥很大效能。下雨时，四周房屋前脊的雨水流入天井之中，称为"四水归堂"，寓意"财不外流"。

3. "五岳朝天"的马头墙。

这是徽派建筑的重要特色之一。在聚族而居的村落中，民居建筑密度较大，不利于防火。而高高的马头墙，能在相邻民居发生火灾的情况下，起着隔断火源的作用，故而马头墙又称为"封火墙"。马头墙高低错落一般为两叠式或三叠式。在较大的民居中，因为有前后厅，马头墙的叠数可多至五叠，俗称"五岳朝天"。马头墙的组合形成一种动态美感，寓意家族兴旺发达，具有"万马奔腾"的勃勃生气。

4.建筑为穿斗式构架，周边高墙围护。

5.建筑装饰精美，三雕技艺精湛。

建筑室内梁栋檩板无不描金绘彩，充分运用了木、砖、石雕艺术，在斗拱飞䶮、窗棂（木高）扇、门罩屋翎、花门栏杆、神位龛座上，精雕细琢，别具一格，形成颇具地方特色的徽派建筑风格。

6.外观尺度宜人、比例和谐、清新秀逸。

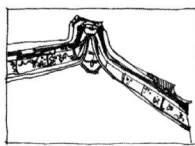

晋中民居

山西大院和皖南徽州民居齐名，一向有"北山西，南皖南"的说法。晋中大院是山西大院的典型。其中乔家大院、王家大院、常家大院、渠家大院、曹家大院等都是富甲一方的晋商大院的主要代表，也是五百年晋商文化的见证。

主要特点为：

1.讲究选址和朝向

择址，强调近水向阳、背山面水的地理环境，房屋一定要依山傍水。宅院一般都是坐北朝南的，但又不能正南直北的，必须略为偏向东南，与宫殿建筑（正南北向）有所区别。

2.晋商大院

晋商大院结构严谨，一般呈封闭式，有高大围墙隔离。房屋为单坡，院落狭长，与北京四合院的方正格局不同。

3.晋中窄院

晋中窄院以四合院为主，由一进到三进，多由大门倒座、过厅、垂花门、正房及各院厢房组成。厢房后墙与正房、过厅、倒座山墙平齐，形成窄长的院落。大院多在倒座的中间开辟大门，也有将门设于东南角的。较大的院落由多组院落并列而成；较小规模的院落多用"三三制"（正房、厢房、倒座都是三间房组成的四合院）。这种以四合院为结构组合单元的大院民居建筑，讲究对称，院院相连，沿中轴线左右展开，形成庞大的建筑群。

4.装饰技艺精美

晋中大院的雕饰艺术令人叹服，图案惟妙惟肖、形态逼真，遍布于门窗、雀替、柱础、照壁、墀头、墙基石等处，折射着晋中地区人们的生活文化、风俗习惯和道德观念。最为精美的还属三雕艺术（木、石、砖三雕），王家大院尤为突出，可以说是清代纤细繁密风格的集大成者。传统的三雕艺术，在这里以意、形、音的方式，或明示或暗寓中国传统文化，表达出主人对平安、富贵、多子多福等美好生活的向往与祈盼。

图5-10　徽式民居的封火墙装饰

图5-11 乔家大院模型

图5-12 乔家大院内部一角

图5-13 王家大院

合院民居典范——北京四合院

北方汉族院落组合多做四合院式，以北京四合院最具代表性。随着元代建都北京，四合院就与北京的宫殿、衙署、街区、坊巷和胡同同时出现了。元世祖忽必烈"诏旧城居民之过京城者，以赀高（有钱人）及居职（在朝廷供职）者为先，乃定制以地八亩为一分"，分给迁京之官贾营建住宅。这样，北京四合院开始大量建造，明清以后不断完善，居住形式日渐成熟，更适合居住要求，形成了今天所见到的四合院样式。

四合院的"四合"，"四"指东、西、南、北四面，"合"即四面房屋围在一起，形成一个"口"字形结构。北京四合院布局上一般坐北朝南，基本形制是分居四面的北房（正房）、南房（倒座房）和东、西厢房，四周再围以高墙形成四合，开一大门。普通民宅的布局以三间最为普遍，大户人家在三间的基础上设置了前后院及不同的房间，各房间与院落组成了一个完善的房宅体系，形成二进、三进、四进、五进，甚至七进、九进院落。

传统的北京四合院，数代同堂，秩序井然的"家"的概念得以充分体现，浓缩了中国古代社会正统的伦理思想。其中，南向的房屋为尊，东西两侧的房屋次之，面北者为卑。长辈住正房，又称上房，晚辈居两厢偏房。每座房采用明堂暗屋布局形式，符合我国长期

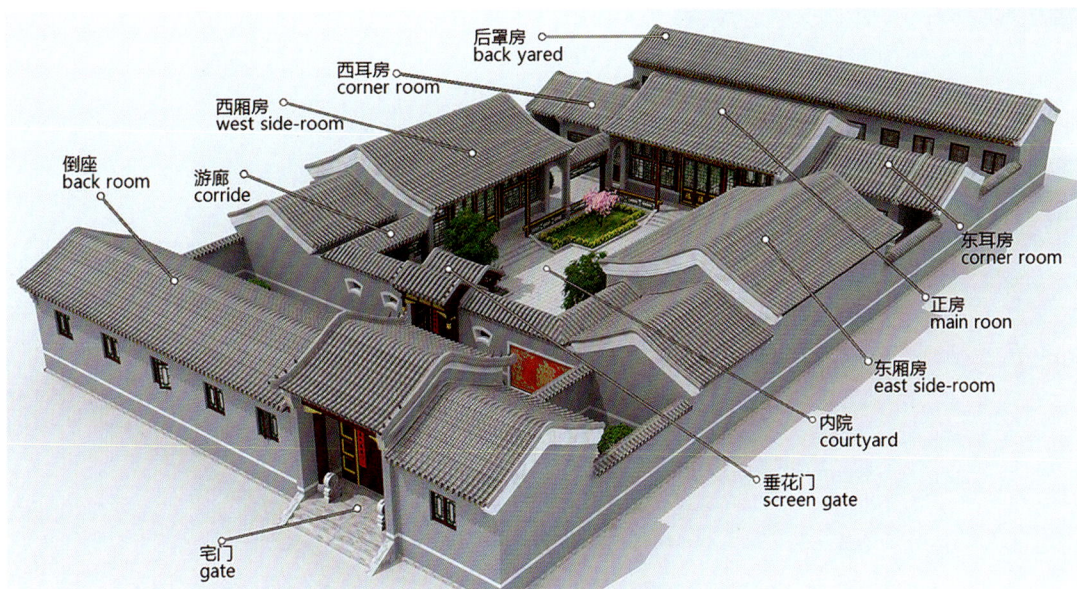

图5-14　北京四合院模型

形成的住宅建设习惯，明堂为活动场所，宽敞明亮；暗屋安静幽闭，为卧室书房等。

一、身份象征的门楼

门楼代表着宅院主人的身份、喜好，是四合院的脸面。北京四合院的门楼建造很讲究，官宦商贾府邸的门楼，大多较为豪华，雕饰精美，平民百姓门楼简单朴素。四合院的大门位置大多建在前院的东南角或者西北角（路北样式的四合院）。根据北京大学教授韩茂莉的观点，认为门的朝向是受风水学的影响。她认为自宋代起，以河北正定为中心的北方盛行北派风水学说，认为"住宅与宫殿、庙宇不同，不能在南面中央开门，应依后天八卦以西北为乾，东南为巽，乾巽都是最吉利的方向，可以作为大门的位置，路北的住宅大门开在东南角，路南的住宅大门开在西北角"。北京四合院大门设在东南侧，正是这种思想的反映。她还认为这种思想还影响到了河北、陕西、山西、山东、河南等省的民居。当然，也有一部分学者认为，大门不建在中轴线上，原因是表达老百姓对皇权尊荣与威严的遵从，面南坐北代表尊位，只有皇宫贵族才配面向正南，普通百姓地位卑微，门楼不开在南北中轴线上，以示避让和谦卑，体现出封建社会的等级序列关系。

四合院大门形制最能体现封建社会的等级观念，规格是非常严的。北京四合院住宅的大门，从建筑形式上可分为两类，一类是由一间或者三间、五间房屋构成的屋宇式大门，在结构及装饰方面比较讲究；另一类是在院墙合拢处建造的墙垣式门，在结构及装饰方面相对简单。屋宇式大门的住宅，一般为中上层阶级的住宅；墙垣式大门的住宅，则多为社会下层普通百姓居住。屋宇式大门又分王府大门、广亮大门、金柱大门、蛮子门、如意门等级别。

北京四合院的大门还体现出"门第相当"、"门当户对"之意。"门当"原本是指在大门前左右两侧相对而置的一对呈扁形的石墩或石鼓；"户对"则是指位于门楣上方或门

图5-15　门楼是四合院的脸面，代表宅院主人的身份、喜好

图5-16　四合院的照壁

楣两侧的圆柱形木雕或雕砖，由于这种木雕或砖雕位于门户之上，且为双数，有的是一对两个，有的是两对四个，所以称为"户对"。上面雕刻着吉祥如意等字样。

两扇大门上的门钹也有等级之分。大门往往都会安装一副六角形铜制或铁制的门钹。有的门钹造型为兽面，或者草帽形，按宅第之分，造型、尺寸大小均有所区别。《明会典》记载了不同等级的宅第门环的标准："洪武二十六年定：王府、公侯、一品、二品府第大门可用兽面及摆锡环；三品至五品官大门不可用兽面，只许用摆锡环；六品至九品官大门只许用铁环。"

二、烘云托月的影壁

影壁，也称为照壁。主要功用是遮挡外人的视线，即使大门敞开，外人也看不到宅内。影壁还可以烘托气氛，增加住宅气势。影壁上装饰精美的图案及其上镶嵌的寓意吉祥的文字，对住宅也起到了美化及愉悦心情的作用。

影壁绝大部分为砖料砌成。影壁分为上、中、下三部分，下为基座，中间影壁芯，影壁上部为墙帽，仿佛一间房的屋顶和檐头。有的基座做成不同样式的须弥座。

根据影壁设立在四合院的不同的位置，主要分门内影壁和门外影壁两种。

● 门内影壁

1. 位于大门内侧，呈一字形叫作一字影壁。独立影壁建在一进大门的正面，多是从地面往上砌砖，下面为须弥座形，再上为墙身，用青砖打磨成柱、檩椽、瓦当等形状，组成影壁芯，影壁芯内的方砖斜向贴成。方砖又名炕面子，多为一尺一到一尺二见方。

2. 在厢房的山墙上直接砌出小墙帽，并做出影壁形状，使影壁与山墙连为一体。或在进大门对面的厢房山墙体，做影壁，使影壁与山墙连为一体，称坐山影壁。这种影壁多为平心，即影壁心为白灰挂面，再走一道青灰，中间写个"福"字，或者平安、鸿禧等吉祥词。它可以不用须弥座，但上面要有檐口，显出影壁在四合院中的衬托作用。

● 门外影壁

1. 影壁坐落在胡同对面，正对宅门，一般有两种形状，一字影壁或雁翅影壁（平面成"一"形的影壁）。这两种影壁或单独立于对面宅院墙壁之外，或倚砌于对面宅院墙壁，主要用于遮挡对面房屋和不甚整齐的房角檐头，遮挡所谓有碍观瞻的对面。

2. 撇山影壁，位于大门的东西两侧，与大门檐口成120度或135度夹角，平面呈倒八字形，称作"反八字影壁"。寓意前途光明，视野开阔。

影壁与大门起互相陪衬、互相烘托的作用，二者密不可分。影壁是进入四合院住宅的一个重要屏障，设计巧妙，施工精细，在四合院入口处起着烘云托月、画龙点睛的作用。

三、精雕细琢的垂花门

垂花门是四合院中一道很讲究的门，是前庭后寝的分水岭和唯一通道。它适用于二进院落以上形制的四合院，它是人们常说的"大门不出，二门不迈"中的"二门"，也叫"中门"。垂花门的得名源于其檐柱垂悬不落地，并通常彩绘为花瓣的形式。

垂花门是装饰性极强的建筑，主要反映为整体造型小巧玲珑，制作工艺精雕细琢。它的开间尺寸较小，进深略大于面宽。其主梁前端穿过步檐柱并向外挑出，形成悬臂梁的形式，在挑头的梁头之下，有一对倒悬的短柱，柱头向下，柱头雕饰成各种象形图样，如串珠、莲瓣、花萼云、石榴头、灯笼等形状，这对短柱，称为"垂莲柱"。垂花门常见的形式有一殿一卷式，从正立面看，为大屋脊悬山形式，两棵垂莲柱悬于麻叶梁头之下，其间由连拢枋，罩面枋相联系。在罩面

图5-17　垂花门

枋之下，有的安装花罩，做各种题材的雕刻，内容有"子孙万代"、"岁寒三友"、"福禄寿喜"、"玉棠富贵"等。在前檐两柱间安装楹框、门扉。垂花门的背立面为卷棚悬山形式，柱间装屏门，起屏障作用。

垂花门有两个功能：第一是屏障作用，为了保证内宅的隐私性，在垂花门内一侧的两根柱间再安装一道门，这道门称为"屏门"；第二是防卫功能，在向外一侧的两根柱间安装着第一道门，这道门比较厚重，与街门相仿，名叫"棋盘门"，或称"攒边门"，白天开启，供人们通行，夜间关闭，有安全保卫作用。

四、秩序井然的内宅

走进垂花门之后，便是四合院的内宅。内宅是由北房、东西厢房和垂花门四面建筑围合起来的院落。内宅的北房为正房，坐北朝南，是内宅中主要的房间，台基和房屋的尺度都比较高大，一般为三间，大型的为五间。正房的两侧还各有一间或两间进深、高度都偏小的房间，如同挂在正房两侧的两只耳朵，故称耳房。左右对称，有"三正两耳"和"三正四耳"之别。小型四合院多为"三正两耳"，中型四合院为"三正四耳"。北房正中的一间称为堂屋，是家庭中最重要的场所，供家人起居、招待亲戚或年节时祭祖之用。在长幼有序、尊卑有别的封建社会，正房为老爷、太太居住之地。东西耳房可单开门，也可与正房相通，一般用作卧室或书房。东西两侧的卧室也有尊卑之分，东上西下。

内宅的东、西两侧建有厢房，各有三间房，分别向院内方向开门。大型四合院的厢房南侧，还可以再加厢耳房，由晚辈居住。厢房与正房一样，一明两暗格局，正中一间为起居室，两侧为卧室。也可以将南侧一间分割出来用作厨房或餐厅。

在正房、厢房与垂花门之间建有游廊。在廊

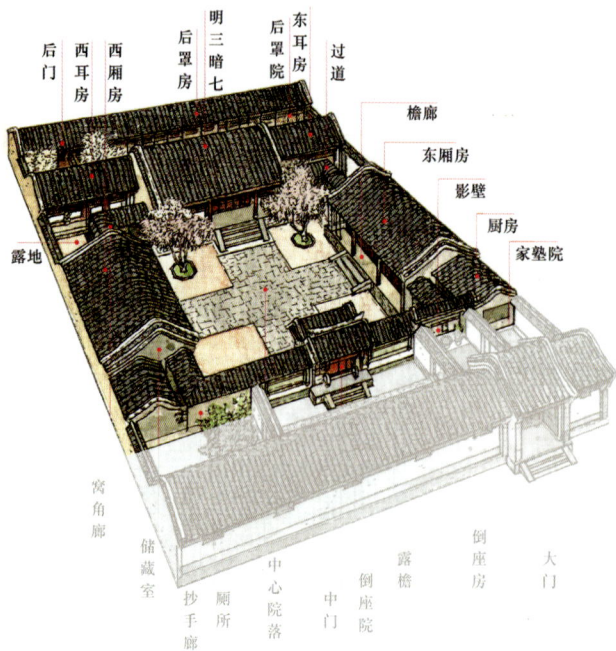

图5-18 四合院的内宅

子两尽端的山墙部分留有洞口，通向游廊，叫作廊门筒子。游廊将北房、东西厢房和垂花门连接串联为一个整体，主要是为了下雨天行走方便。

中型以上的四合院还常建有后罩房，一般为未出嫁的女子居住，其进出接受父母监督。倒座房为坐南朝北的房间，在古代主要供佣人居住，方便接待客人和通知主人等。

五、精美雅致的雕饰艺术

北京四合院的雕饰，颇具特色，形式多样，主要有砖雕、石雕、木雕、彩饰等。装饰内容往往采用象形、会意、谐音、借喻、比拟等手法，借助联想，创造出丰富多彩的装饰图案，表达出对幸福、美好、富庶、吉祥生活的向往与追求。

门窗雕饰中最普通、最常见的一种图案是"步步锦"，这种图案的基本线条是横线和竖线，按一定的规律组合在一起，周围嵌以简单的雕饰。将这种装饰花纹冠以"步步锦"的美称，反映出人们渴望家庭事业不断进取，一步步走上锦绣前程的美好愿望。

灯笼框（又名灯笼锦）是又一种常见的传统窗格图案。它是简单化、抽象化了的灯笼形象，周围点缀团花、卡子花等雕饰，图案简洁、素朴、舒朗。灯笼框窗格中间留有较大面积的空白，可题诗作画于其上，或绘梅兰竹菊，或描山水花鸟，清新而典雅，营造出一种灵动的书卷气息。

北京四合院的雕刻充满浓郁的文化气息。石基、窗棂、门楼、檐角的图案、吉祥词语、抱柱楹联，以及悬挂在室内的书画佳作，无论是绘山川之美，还是描花鸟虫鱼；无论是集贤哲古训，还是采古今名句，风雅备至，凝聚着老北京独特的风俗文化，彰显出人民的聪明才智和创造才能。

总之，北京四合院是中国北方院落式空间的典型。它的四合封闭的空间格局不仅表达了"家"的温馨和团聚之意，而且其井然有序的格局，也充分反映了"家"的礼制性和秩序感。它

图5-19　"步步锦"窗棂格图

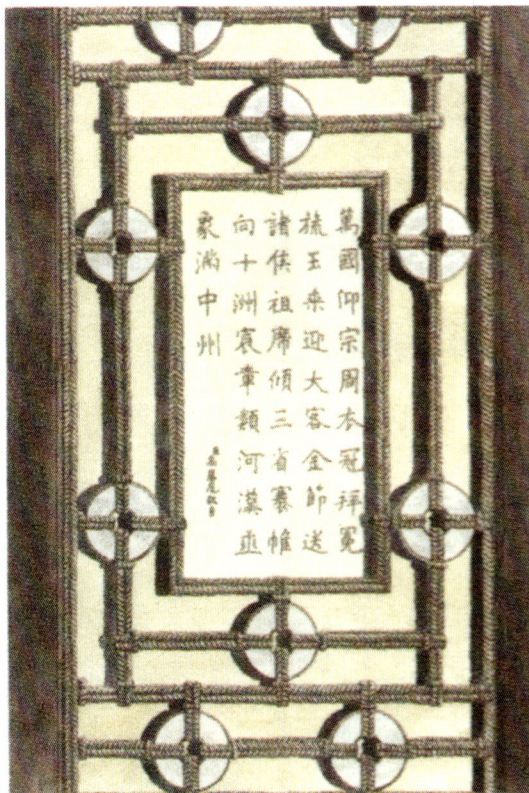

图5-20　"灯笼锦"窗棂格

内庭宽阔饱满，庄严大气，极好地将自然风景与房舍建筑结合起来；它装饰精美，无处不充溢着浓厚的传统文化的气息，体现出皇城脚下民居的气派。

5.2 水乡民居

中国南方雨水充沛，河流交叉纵横，湖泊众多，人们因地制宜，巧妙地利用水土资源，创造性了水乡民居这种形式。在水乡人们为了向水域借用空间，以水为街，就水为市，建筑多采用悬吊、架空的建筑，形态多样，布局自由，形成了中国特色。

水乡民居以江南水乡为代表，主要是指江苏、浙江等地的临水民居，包括浙江的绍兴、乌镇、南浔和江苏的苏州等地。除此之外，在我国其他地区，也有一些水乡聚落，如珠江三角洲流域，为岭南水乡样式；皖南徽州的宏村，利用独特的人工水系，创造了徽式水乡民居范例。

水乡民居均为依水而建，"贴水成街、就水成市"，来往交通以水路为主。水乡民居，沿河布局，为节省空间，各家都尽量能够接近河道，往往采用单开间多进式民居形式，这是与平原山地民居平面布局的显著区别。在纵向序列分布的多进院落中，天井是不可缺少的元素，院落也为"天井合院"式。

水乡民居平面布局自然，房屋错落有致，曲折蜿蜒，没有刻意之态，与平原地区建筑的严整庄重形成鲜明对比。

水乡民居的典范——江南民居

江南，有广义的江南和狭义的江南之分。广义的江南，指长江中下游一带。主要地区是现今的浙江、上海、江苏的中部与南部，江西、湖南、湖北的中部与南部，福建北部，安徽大部等。狭义的江南，主要指苏南和浙北的环太湖流域和钱塘江以南部分地区，包括传统的"江南六府"，如苏州、杭州、松江、常州、湖州、嘉兴等，以及南京、扬州、镇江、绍兴、宁波等城市和地区。本书中的江南地区，主要是狭义上的江南。这里，地处亚热带、长江与太湖冲积平原，湖河水系发达，气候温润，物产丰富，文教发达，因而促进了江南水乡民居的发展。

江南水乡民居，实际上是城镇民居，是一种介于城市与乡村之间的人类集聚地。它的完善的以水系为建筑网络体系特征，是江南水乡地域文化的集中体现。自13世纪至19世纪，江南的城镇发展盛极一时，形成了深厚的水乡古镇文化。苏州附近的周庄、同里、甪直，湖州的南浔和嘉兴，乌镇和西塘等古镇，上海的朱家角、新场，浙江的安昌、龙门、前童，苏州的木棂等古镇在现代城镇建筑的开发中先后得到保护，至今仍较好地保存了原有风貌，是江南水乡民居的主要构成部分。

一、江南水乡民居发展

江南水乡民居起源于原始时期的河姆渡文化，最早为干栏式建筑的发祥地。商代，这

图5-21　江南民居

里已形成了粗具规模的民居聚落。从汉代起，这里开始居住官吏，魏晋南北朝时期北方的战乱局面使大批人向南迁徙，带来了北方的合院形式，加速了经济和文化的繁荣发展。唐代，这里已形成了相当规模的官宅，在宋代绘画《千里江山图》中，对江南民居的建筑布局已有生动的描绘。随着南宋建都杭州，江南在政治经济文化上都有了空前发展，经济文化重心南移至江南。到了明清，江南已成为全国经济、文化最发达的地区，达官显贵、地主富商、文人雅士纷纷选择此地建宅，山庄别墅，亭台楼阁，处处皆是，各具特色。

由于人口众多，土地珍贵，江南民居设计为节省空间，采用内庭狭小，四面房屋围合的楼居形式——"天井"合院的布局。江南民居建筑空间不大，为了彰显财富，主要凭借精雕细刻来实现，雅致而玲珑，与北方四合院民居的庄严气派形成不同的美感韵味。水乡民居常常巧借地势，因地制宜，形成了"前街后河，河街围绕"的居住模式。唐代大诗人杜荀鹤有诗云"君到姑苏里，人家尽枕河，古宫闲地少，水巷小桥多"恰当地道出了江南民居的特点。

二、临水而居的村镇布局

江南水乡民居主要是水道为中心进行布局。房屋临水而建，因水布街，面街背水，水陆交织，房屋因河道转弯而错落有致，房屋与房屋之间分隔成曲曲弯弯的里弄小巷，因此"水道—主街—小弄"是江南民居交通脉络的主要特征。

街道和河道平行或者顺向布置，有"一河一街、一河二街"的格局。

江南古镇民居比较完好地保留了沿河布局的总体特征，主要布局形式分以下三种：

（1）单条河为中心的小镇，如上海郊区青村镇。规模小，民居沿河流走向呈带状布局。

（2）十字形河道为中心的中小城镇，如南浔镇。由河流交叉处民居向四处伸展。

（3）由网络河道为中心的团形城镇，如周庄镇、同里镇。规模较大，交通四通八达，经济发达，商业繁荣，一般是区域的中心城镇，这是江南古镇的代表性布局形态。

三、自由有序的空间序列之美

自由和有序，是江南水乡民居的美感特征。房屋错落有致，高低和谐，街道弯曲舒缓，转折有节，宛如一个天然和谐的美丽画卷，自由中有层次，有条理，有次序。

从层次上讲，沿河而居的古镇民居，通常为梳状排列的秩序。古镇由一间间的房屋构成，有1~2个合院的长度，横向拼接为1~4个院落组；几个院落成组构成长方形的一组房屋，称为街坊，街坊临水而居，临街而布，这样"间—合院—院落组合—街坊—古镇"，一个从小到大的层次，构成江南民居的基本布局结构。院落前街后河，中间相隔1~2米的间距作为水弄，水弄的尽端设有码头，将河与街联系在一起，纵向布局，形成"河道—房屋—巷弄—街道"条理清晰的空间布局，水弄、河道、街市三者梳状排列，井然有序。

江南水乡古镇还有一种复杂的空间布局形式，为纵横交错式。房屋四周仍为街道或者河道，整体较为方正，但内部的巷弄并不贯通，街巷繁杂、曲折、分叉多，巷弄平面分布呈现树状或长短不一状，甚至为盲端。单房与院落组合混杂，有零星分布的，也有聚合成团的，疏密有致，纵横交错。街巷水系形成独特的网状空间，以朱家角、周庄、西塘、木椟、乌镇、南浔等镇为主要代表。

四、独特的房舍选址

（1）一面临水或背山面水

建筑沿河道发展，建筑与河道之间为平行的街道。建筑沿街道一侧，大多做商业店铺，并建有临水码头，联系交通，这就是沿河村镇的基本模式。

背山面水是中国山区民居和水乡民居均理想的布局形式，所谓负阴抱阳。假如村镇背山，村镇会向后退一些，避免河道涨水是淹没村庄。倘若条件允许，村庄会选在山的南侧，夏天有南风吹拂，冬天有充足的日照，还可以避免北来的寒风袭击。

（2）两面临水

假如河道拐一个90度的弯，或呈丁字形，或为十字交叉时，村镇会选在河道拐弯处，则可两面临河，一方面方便用水，另一方面便于利用河道交通。

（3）三面临水

部分村镇恰好具有三面临水的条件，例如被三面河道包围，或是村镇类似半岛深入湖中，自然形成三面临水的村镇。

在河流两岸居住，假如河道不宽，易于建桥时，人们会在河道的两侧修建民居，提高河道的水运交通用率。这又是江南村镇的一种典型模式，村镇集中，商业活动也相对集中。

（4）河流交汇处

城镇集中在河流汇集的三叉或十字交叉河口，人们便设置一下桥梁，联系被河道隔开

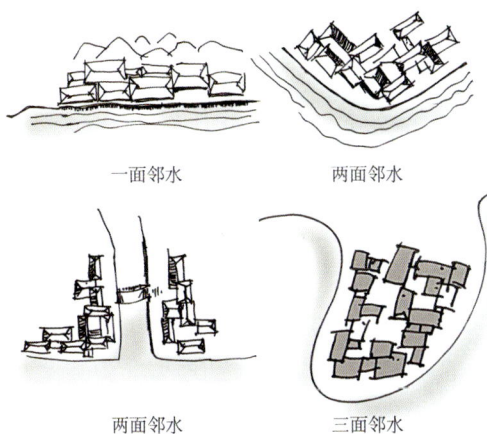

图5-22　江南水乡村镇布局

图5-23　水乡乌镇

的区域。桥头一带是陆路过往交通最繁忙的地区，因而这里商业建筑的密度也最高。由于旧时船运的重要性远远大于陆路，河道相当于现在的街道，水路交通的枢纽地带，自然成为繁华的城镇中心。这种布局的优点是河岸与城镇的接触面长，而城镇又相对集中。

五、巧妙的过渡空间——廊棚与骑楼

在江南城镇乡村中，水路是主要运输方式，因此水路的安排相当重要。水路减轻了陆路运输和交通的负荷量，使陆路可以相对减少，因而节省了村镇的用地。有时河道与临河建筑之间，设一条廊式或骑楼式的步行道，在道路上行走，一边是河景，一边是店面，在河岸两侧互为对景，商业店铺一字展开，布局十分合理。江南民居的廊棚，是一大观景点。西塘最长的廊棚总长877米，有一百多年的历史。廊棚的顶有"一落水"、有"二落水"，也有过街楼形成廊棚的屋顶，多为砖木结构，一般宽2米多，集中在北栅街、南栅街、朝南埭等商业区，总长877米。比颐和园的长廊（728米）还长，有"烟雨长廊"之称。

图5-24　西塘的烟雨长廊

图5-25　江南民居中的骑楼步行道

图5-26　江南民居的天井

六、江南民居的建筑特色

江南地区的民居平面布局和北方的四合院大致相同，只是一般布置紧凑，院落占地面积较小，以适应当地人口密度较高，要求少占农田的特点。因此，民居的合院不像北方四合院的院落那么大，十分狭窄。小院子，类似井形，形象地称为"天井"。大的天井不过4米×2.5米，小的天井不过三四平方米，四面的房屋非常紧凑，有两层，连为一体，因此天井显得像一条缝，只能供房间采光、通风、集汇雨水，排除烟尘等功用。因为屋顶内侧坡面的雨水从四面流入天井，所以这种住宅布局，俗称"四水归堂"。

这种建筑形制还与南方气候有关，由于纬度低，夏季炎热、潮湿，阳光直射角度大，时间久，缩小院落为天井，可以形成阴凉环境，也可以免受风沙雨雪等天气的影响。

"四水归堂式"住宅的个体建筑以传统的"间"为基本单元，一般三间或五间，单体建筑之间以廊相连，和院墙一起，对称分布，围成封闭式院落。这与北京四合院有相似之处，只是面积较小，结构紧凑，并且为楼居。在这样封闭的空间内，为了利于通风，多在院墙上开漏窗，房屋也前后开窗。

江南民居的结构多为穿斗式木构架。穿斗式又叫立贴式，不用梁，而以柱直接承檩，外围砌较薄的空斗墙或编竹抹灰墙，墙面多粉刷白色。屋顶结构也比北方住宅单薄。

江南水乡民居的装饰与陈设，主要是指民居的内外檐装修，具体在门、窗、檐下、屋脊、室内隔断等部位，室内随着使用目的的不同，用传统的罩、槅扇、屏门等自由分隔，室内的家具与隔断多是木雕。梁架仅加少量精致的雕刻，涂栗、褐、灰等色，多呈本色，素雅古朴，不施彩绘。

室外则采用石雕、砖雕装饰手法，在屋檐、屋脊、门罩等处大做文章，显示出三雕的高超技艺。江南古镇的民居门窗屋檐、屋脊装饰主要有

图5-27　江南民居的室内

图5-28　乌镇民居装饰木雕

石雕、砖雕、木雕的雕刻装饰，有很强很深厚的文化内涵。我国四大著名木雕中东阳木雕和黄杨木雕都在江南，尤其是东阳木雕在传统民居建筑广受欢迎，民居的梁架、檩条、屋檐、斗拱、驼峰、门楼等大木构件，以及窗棂、栏杆、雀替等小木装修，都常常透雕、浮雕、线刻、圆雕手法，雕琢而成，是显示中国民居木构特色中最为精彩的部分。砖雕、石雕也非常出色。

雕刻内容主要有人物故事类装饰表现儒家忠孝节义的伦理思想和内容，包括那些在民间广为流传的历史名人、文学人物、戏曲故事、各类神仙等。如老子、孟子、李白、苏东坡、八仙等人物形象，渔樵耕读、岳母刺字、三国演义等故事情节。另外还有象征对美好生活的祝愿和希冀的吉祥纹饰。

如表示福禄寿喜财等方面常用谐音和象征意义表示："福"常用蝙蝠表示，禄用鹿表示，寿用松鹤、仙桃、寿字纹表示，喜用喜鹊、财以钱币表示。此外，谐音还有："扇"同"善"，"鸡"同"吉"，"猴"同"侯"之意等。各种图像组合表达更含蓄内容：用蝙蝠组合为菱花，门板上用五只蝙蝠围着中央的寿字，名为"五福捧寿"；松竹梅寓意

"岁寒三友"，又可以单独分开分别寓意长寿、气节、高洁等含义；多个正八边形组合成的纹饰称为龟背锦，寓意"延年益寿"；"狮"、"瓶"接连象征"事事平安"；"狮子"与"铜钱"搭配，则象征"财事茂盛"；"狮"身披彩带，象征"好事不断"；喜鹊立于梅花枝头，寓意喜上眉梢；琴棋书画简化为竖琴、棋盘、书函、画卷表现文人的超凡生活。在动物里，麒麟就代表多子，有"麒麟送子"之说，而在植物中石榴和莲蓬也具有多子的寓意，表示多子多福，连绵不绝的传承观念。

图5-29　江南民居室内轻薄的围护

宫殿窗上花格：古代多用纸糊或安装鱼鳞片等半透明的物质以遮挡风雨，因此需要较密集的窗格，出现了菱纹、步步锦、"卍"字纹、冰裂纹、各种动物植物人物组成的千姿百态的窗格花纹。为了保持整扇窗框的方整不变形，用铜片钉在窗框的横竖交接部分，并在这些铜片上压制花纹称为看叶与角叶，极具装饰性。

除雕刻外，还有灰塑、彩描等装饰手法，房屋外部的木构部分用褐、黑、墨绿等颜色，与白墙、灰瓦相映，色调雅素明净，与周围自然环境结合起来，如同一幅和谐自然而素雅秀丽的山水画卷。

七、因地制宜的空间创造

在江南水乡民居中，临水建筑是最富地方色彩的一种形式。居民临水的一面多开后门，有时后门还有外廊，并用条石砌成台阶通向水面，把住宅与水面联系在一起，有如小型码头，是住宅极重要的一部分，当地人称为"河埠头"。居民可以在这里洗涤、取水、从船上购买蔬菜和柴米油盐，以及运倒垃圾、粪便。居民外出，也在这里上船出发。

河道公共交通要道，私用码头不能侵占河道，只能与邻里排成一行，顺岸而建。有些大户人家将码头向内退缩，建成凹廊，这样雨天家人出入、佣人洗濯都不用担心被淋湿。有些人家房屋很小，无法在临水的一侧修建码头，就改开一个后门，门口用石板出挑，形成一个挑台，无法在此洗濯，但是仍然可以汲水，或向过往船只购物。

沿河地面相当珍贵，因此建筑相互毗邻，形成河街。每两个街区之间，就有一条街道，联系河道与平行河道。这种街道沿河的尽头，是公用码头，以便居住在非临水的人家来河边洗濯、取水和上下船。另外，这还是村镇防火的重要水源地。

图5-30　南浔古镇

图5-31　古镇码头

5.3　干栏式民居

干栏，又称杆栏、干兰、高栏、阁栏、葛栏等。干栏式民居是由原始社会时期巢居的形式演变而来。如西周《盗跖》和《淮南子》，战国时代的政治家韩非所著的《韩非子·五蠹》等都记载了"有巢氏"建造干栏民居的情况。其中《韩非子·五蠹篇》记载："上古之世，人民少而禽兽众，人民不胜鸟兽虫蛇，有圣人作，构木为巢，以避群害，而民悦之。"意思即是说，上古时代有一位圣人"有巢氏"，创造了能够逃避鸟兽虫蛇之害的鸟巢式的房屋。

干栏民居经历了多次的进化和演变，有文献为证。"依树为巢而居"、"依树积木，以居其上"（《北史·南蛮传》）、"人并楼居，登梯而上"（《旧唐书·南蛮传》）、"上以自处，下居鸡豕"（宋代周去非《岭外代答》）、"人栖其上，牛羊犬豕畜其下"（明代邝露《赤雅》），等等。可见，干栏式建筑经历了漫长的演变，建筑史家杨洪勋认为，它经历了在单棵树上筑巢，以及利用四棵相邻的树为支撑（称为"槽巢"），最后发展为全部用木构筑的架空建筑（称为"干栏"）三个阶段。

干栏式建筑遗存广泛分布在我国东南地区的浙江、江西、江苏、广东、广西，中南地区的湖北、湖南，西南地区的云南、贵州、四川等省区的古代文化遗址和墓葬中。目前我国南方尤其是西南和中南、东南民族地区，傣、侗、景颇、哈尼、布依、佤、苗、瑶、黎、壮、傈僳、独龙、基诺、拉祜等二十多个民族有干栏式建筑，都采取底层架空，以竹木为建材的形式。但因为位置不同，又各具特色。以苗族为代表的"半边楼型"、以壮族麻栏为代表的"重楼型"、以黎族为代表的"船篷型"、以傣族竹楼为代表的"高敞型"、以景颇族为代表的"长脊短檐型"、以侗族为代表的"宽廊型"、布依族为代表的"混构型"，多种干栏样式，材料也有土木、砖木、石木混构等多种。

在民族混居的地区，建筑形式有很大的融合。壮族、侗族、苗族混居地区，建筑样式基本相似。距离较远的民族，样式差别很大。同为干栏式民居，居住海南的黎族的"船型屋"，比较简陋和低矮，外形类似船篷；居住在贵州广西的侗族，木楼高大，形状优美，公共建筑鼓楼更是高耸入云，样式迥然不同。

干栏式民居，虽样式各异，但基本上都具备以下特征：

（1）为了躲避湿热天气，采用底层架空的建筑形式，一楼为牲畜或者杂物房；二楼以上住人。

（2）屋顶采用坡顶，多悬山式和歇山式。这种屋顶主要是适应南方的多雨天气，避免

图5-32 巢居向槽巢、干栏民居的演变

房屋的木质结构受到雨淋。

（3）楼上一般设有火塘。围火塘而坐，是家人团聚的象征。各民族因为习俗和信仰等不同，形成了丰富各异的火塘文化。

（4）建筑采用穿斗式构架（立贴式）。

干栏式民居也有很多类别。纯竹木干栏式建筑，如西双版纳傣族的竹楼，苗族的竹木楼；土木结合的干栏式建筑，如黑衣壮族民居，特点是，大量使用土石代替木材建造墙基及四面墙体，二层楼平面及房顶的承重山墙由石头和土基砌成，梁柱结构用木质材料来承担；混构型的干栏式民居，如布依族民居、毛南族民居。

壮族民居

壮族先民生活的地方炎热多雨、地面潮湿、瘴气浓重，为适应这种生态环境和气候条件，他们发明构建了干栏式建筑。

壮族的干栏式建筑有简单全楼居和发达的楼居。

以广西西南部靖西为代表，是简单样式。以两开间及三开间为多，也有少数单开间或四开间；发达全楼居，以桂北龙胜为代表，为全木结构，建筑以三开间带偏厦和五开间居多，分上、下两层，居住层由望楼、堂屋、火塘和卧室组成，下层为牲畜圈和放置杂物的地方。火塘间的近处向阳面设有晒排，供洗涤晾晒用。

图5-33　壮族土木结合的干栏式民居

内部采用了前堂后房的居室布局模式。厅堂正中的板壁上，有一个神龛，神龛上部是祖先神台，下部为土地神的神位，侧边为火塘间，同时兼作厨房和餐室，是全家聚会、会客、娱乐的地方。火塘间室外的向阳面搭有晒排，供晾晒之用。在屋顶还设有阁楼，用来贮存农作物、杂物，用活动爬梯或固定木板梯上下，可起到防寒、隔热的作用。

图5-34　壮族简单全楼居

壮族民居采用串联式和并联式两种类型来分布格局。有的还修建门楼以示分隔。串联式干栏群落是将每行辐射线上的建筑用飞桥串联起来；并联式干栏群落是将若干建筑排成两行，中间留有通道，两端有围墙和院门，形成一个长方形院落，同一家庭的兄弟之间，可不经过外门而相互联系。

图5-35　壮族发达楼居

图5-36　湘西吊脚楼

图5-37　土家山寨的双吊式吊脚楼

图5-38　凤凰古城的高层吊脚楼

湘西吊脚楼

湘西一带山多水多,土家、侗等民族世代聚居在这里。这种楼房依水傍山,好像"吊"在水面和山腰,仿若空中楼阁,令人惊叹。

湘西民居建筑以木质结构为主,屋面均盖青灰色的瓦。正房一般分为三大间,中间最大的一间为堂屋,两边为厢房,规模根据房屋立柱的多少及高低而定,如"三柱二骑"、"五柱四骑"、"六柱五骑"等。

按照吊脚楼造型结构和功用大致分以下五种类型:

1.单吊式:又称为"一头吊"或"钥匙头"。它的特点是,只有正屋一边的厢房伸出悬空,下面用木柱支撑。

2.双吊式:又称为"双头吊"或"撮箕口",在正房的两头皆有吊出的厢房,为土家族地区普遍样式。

3.四合水式:这种形式的吊脚楼是在双吊式的基础上发展起来的,特点是将正房两头厢房吊脚楼部分的上部连成一体,形成一个四合院。两厢房的楼下为大门。

4.平地起吊式:其主要特征是,建在平坝中,按地形本不需要吊脚,却偏偏将厢房抬起,用木柱支撑。支撑木柱的地面和正屋地面平行,使厢房往往高于正屋。

5.二层吊式:在单吊和双吊的基础上再加一层。这种形式现在比较少,仅存湘西的桑植淋溪河一带。

湘西吊脚楼群是集建筑、绘画和雕刻艺术为一体的民族文化的结晶。房屋造型独特,轻灵飘逸,梁柱、走廊、栏杆、门窗及窗棂的雕饰,也是匠心独具,美妙绝伦。

木雕艺术十分精美,装饰纹饰多样,有字类、图形类、锦类、寓意类图案。装饰在门窗、栏杆、梁柱、檐脊部位,技艺精湛。尤其是檐角与脊背,是吊脚楼的雕饰艺术的特点之一。湘西吊脚楼灵秀而有气势,屋檐一般都吊着装饰有球形或者金瓜的悬柱;屋脊喜用堆成外圆内方的古钱币图案(谓金钱满屋),或瓶形图案(谓聚宝瓶),或放置三叠瓦成"品"字形图案(谓一品当朝),

或蝙蝠、葫芦、寿桃的组合图案（谓福、禄、寿三星高照），表达家族的愿望。翘角飞檐处则多采用凤尾、鳖形、卷叶花纹等图案，典雅又华丽。

苗族民居

苗族是个具有悠久历史的跨境民族。贵州是主要聚居区。由于住地分散，山水阻隔，各部苗族之间，民居差异很大。在苗族人数较多、自然条件较好的平坝地区及河谷地带，其住房多为四榀三间、一楼一底的木结构建筑。而在山区则多为灵活多变、潇洒飘逸的干栏式吊脚楼。

苗族民居几乎都是吊脚楼。一般四榀、三间、三层，不封闭。

特点：

1.多从山面绕廊进屋，楼梯架在房屋两侧。

2.屋面多为歇山顶，装修多用杉木板。

3.楼底进深很浅，通常都不住人，做杂房或关牲畜。二楼是全家活动的中心，楼面半虚半实。靠外为虚，上铺楼板，安床睡觉，设廊小憩；靠里为实，挖设火塘，垒砌炉灶，供生活起居用。

4.堂房位于二楼上。一般不设神龛，仅在堂屋东壁上钉块小木板，其上摆两个小酒杯，其旁挂两支小竹筒，逢年过节用以斟酒插香祭祖先。二楼大门门槛特高；以牛元素的装饰为特色。大门的装修上宽下窄，与众不同。

5.最有特色的是美人靠（苗语"豆安息"）的设计。由于苗族同胞多在依山傍水的山间河谷地带安家落户，其住房又是背山面水而立，故在美人靠上凭栏远眺，总能饱览赏心悦目的苗岭景色。

图5-39　苗族民居模型

图5-40　美人靠

干栏式民居的典型——傣族竹楼

"宁可食无肉，不可居无竹"，苏轼的这句著名诗句可谓家喻户晓，中国关于竹子的住宅最有特色的为傣族竹楼。

竹楼是云南地区最具有少数民族特色的竹制民居建筑，在云南的佤族、傣族、布朗族、基诺族、德昂族、哈尼族、独龙族、傈僳族、白族、景颇族、拉祜族、怒族等少数民族聚居区，竹楼是主要的民居建筑形式。云南不同民族的竹楼大小、内部设置各异，以傣族主楼最具代表性。傣族人居住在亚热带和热带气候区，信仰原始宗教和小乘佛教。过去，傣族竹楼全用竹材、茅草建造，故得名，后来改用木材、砖瓦，风格造型不变，习惯上仍称为"竹楼"。傣族干栏民居建筑主要分布在西双版纳全境和德宏傣族景颇族自治州的瑞丽

图5-41 西双版纳的傣族竹楼

等地区。

傣族竹楼已有1400多年的历史，据《新唐书·南平僚传》记载，"其地多瘴疫，山有毒草及沙虱蝮蛇，人楼居，梯而上，名为干栏"。《西南风土记》中也有关于竹楼的描述："所居皆竹楼，人处楼上，畜产居下，苫盖皆茅茨。"竹楼灵活轻盈，风姿绰约，犹如凤凰展翅，又如孔明帽，具有通透轻盈的建筑风格，屋顶、底架和多变的体面，非常适应当地多雨和潮湿的需要。在傣族建设干栏式民居的主要原因是：防止野兽和有毒植物的

侵袭；抵御洪水和地面湿气；粮仓脱离地面防止田鼠噬咬等。

一、典型的"人"字型屋脊

"人"字形屋脊是傣族民居特色之一，人字形的屋脊下面是四个面，上下两叠。传统上竹楼的屋脊具体可以分为三种建筑结构：

1. 无架屋顶结构

无架屋顶结构，即没有屋架的屋顶。屋顶没有梁结构，直接支撑在众多的柱子顶上。

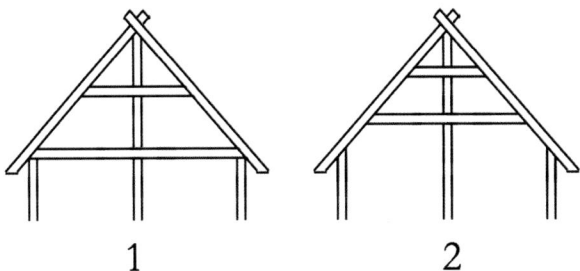

图5-42 无梁架屋顶示意图　　　　　　图5-43 叉手屋顶示意图

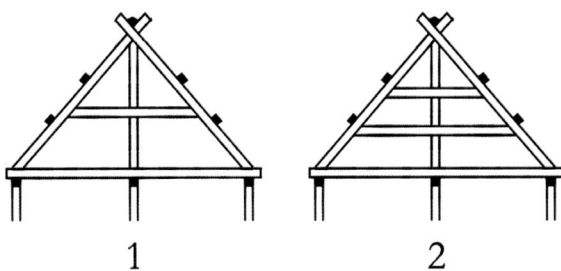

屋顶很大，可以作为阁楼贮藏杂物。在底层架空层的柱子大约有6尺高，从楼面到屋顶顶端大约一张二尺高。目前无架势的竹楼已经数量很少。

2. 叉手式

叉手式是指屋脊由斜向交叉的椽子支撑。在叉手式中，横向的板条支撑在椽子上面，草排（草或棕榈叶捆扎成束）捆在板条之上。梁架与椽子的连接有榫卯结构和藤条绑扎两种。叉手式的墙很轻并且交叉后向外倾斜，增加了整个结构的稳定性。

3. 斜梁式

明清时期，汉族的榫卯技术和东南亚的缅瓦技术引进傣族，起初只在寺庙和贵族民居中使用，后来被普遍采用。榫卯相连的屋架结构，称为"斜梁式"。它的承重结构由木梁柱和屋架组成，屋架也是由柱、梁组成，并有许多椽子和板条（挂瓦条）。主要特征是三角屋架。屋顶由两部分组成，上部是由直边的三角屋架组成，屋架高度大约为5~7米，下半部由四面的斜屋面相连而成。椽子一般为2~3米，屋檐向外伸出大约近1米。屋檐外伸成35至40度的坡度。一般斜梁式结构中屋顶的高度与墙的高度的比例为3∶1。

斜梁式民居使用缅瓦。它与汉瓦不同，是一种平瓦，有上瓦和下瓦之分，在瓦的一头有一小钩，通过小钩钩住连接，与汉瓦施工技术也不同。

二、神秘的竹楼文化

傣族竹楼的修建有很强的等级观念。在古代，傣族民居的柱子的数目代表了房主的社会地位。在1949年以前，傣族的法规明文规定村民竹楼的柱子不能多于40根。贵族景洪宣慰街宣慰的府邸柱子则多达120根，宣慰儿子的也多达58根。

图5-44 傣族竹楼内部结构

傣族竹楼还讲究辈分关系，刚分家的儿女只能盖平房或盖柱距和间架矮小的"人"字形竹楼，楼梯必须在七级以下。只有等以后儿女经济宽裕才能盖传统的竹楼——"很帕雅桑目底"（意为长辈居住的竹楼）。"很帕雅桑目底"有较严格的标准，柱子的数量一般标准为32或33根以上，楼室下柱高2米，楼室内柱高2.2米，楼梯为9级。傣族子女遵从这种习惯被人认为是尊重父母的表现。

傣族竹楼的柱子也很讲究。首先，盖房前，必须先去挑选各种柱子的料。挑选男柱"梢召"、女柱"梢喃"、中柱"梢浪"、家神柱"梢丢瓦拉很"、灵魂柱"梢欢"这些柱子。傣家人认为只有枝叶茂盛、通直粗圆的树木才能代表希望，可以充当这几根柱。立柱时还必须要将木梢朝上，木根朝下，和活树生长一样放置，决不能颠倒，并在柱子上捆上芭蕉等叶，以驱赶传说中的恶龙，在中柱下垫冬岛、冬芒等树叶，以避开龙王侵扰，保护家园平安。

傣族竹楼中柱子位置和装饰讲究，显示了傣族神秘的文化。家神柱位于卧室，柱子端包有白布，内放芭蕉叶、甘蔗苗、蜡条和棉花条各两支，被认为是房屋守护神和该户人家父系祖先居住的地方。中柱在客厅内，柱身上贴有彩色纸条，并插有蜡条，此柱为家中老人临终时靠着穿衣服的地方，柱上东西不能触动或倚靠，更不能在上边挂东西。中柱的楼下部分，不能拴牛马。男柱立在家神柱旁，男柱旁边的门是家中男性成员进出卧室的地方，男主人的卧具就摆放在男柱下面。家中的女性成员由女柱旁边的门进出卧室，家中财物由主妇保管，主妇一般有两个储存金钱衣物的竹箱，就放在女柱下。傣族以东为尊，以西为卑，所以房间中男柱在东、女柱在西。

三、合理的功能划分

傣族竹楼通常由楼下架空层、楼梯、前廊、堂屋、卧室、展台六个基本部分构成。

● 楼下架空层

底层为架空的结构，高度大约为1.8~2.5米。主要由数十根木柱构成，用来承重，间距为1.5米左右，大约有5~6排，排距约3米，四周无墙体围合，用于作为储藏空间或者圈养牲畜，有时候也可以作为妇女做家务的空间。

● 楼梯

楼梯一般位于房子的南面，设在屋檐之下。一般简单的楼梯只有一段，贵族大型住宅的楼梯则有两段和楼梯平台。楼梯一般有9~11级踏步，搬出的新宅一般楼梯踏步要少，有

图5-45　傣族竹楼楼梯入口

3~7级踏步，数目都是单数。这种以奇数表阳、偶数表阴的习惯与汉族文化基本相同。

在一幢竹楼里有五种方式放置楼梯，一般民居楼梯位于侧面，即有山墙的一面。只有那些公共建房才将楼梯设于房屋的正面。

● 前廊

图5-46 傣族竹楼的前廊

前廊是楼上联系堂屋和展台的过渡空间，通透性很强。前廊三面没有墙，上有屋檐遮阳避雨，比较宽敞明亮，通风透气，可以设置座椅，便于人们休息、乘凉，十分适合傣族天气。

● 堂屋

堂屋是竹楼的核心，用以待客和家人欢聚的公共空间。堂屋通常铺着竹篾做的席子，席地而坐。堂屋内设火塘，火塘是一家人聚集的中心，傣家人很讲究礼数，座次分明，依照从门口向室内的方向，户主坐在火塘上首，其他成员依照男子在右边，女子在左边的秩序，围绕火塘而坐。

● 卧室

卧室是竹楼里最为私密的空间，与堂屋并列，是一个没有窗户的大通间，仅从墙的缝隙透光，中间没有墙分隔，一般不设门扇，仅挂布帘遮挡视线。室内无床，在楼面上铺一

图5-47　傣族竹楼堂屋图

5-48　傣族竹楼卧室

张床垫而卧，睡觉的床垫按辈分顺序横向平行排列一字排开，依次是老人的、父母的、已婚女儿和女婿的、未成年的小孩的。从他们床垫的位置便可以辨别家庭成员的社会关系。卧室设两个门，父母的卧室门与女儿女婿卧室的门通向堂屋。

图5-49　傣族竹楼柱子

图5-50　傣族竹楼外观

● 展台

展台位于前廊的一端，露天无盖。展台是用作早晨和晚上沐浴的地方，也可以在上面盛洗、晾衣、晾晒农作物，有低矮的围栏。

四、西双版纳与德宏瑞丽竹楼的差异

傣族的干栏式民居可分成两种类型：一是西双版纳型，二是德宏瑞丽型。

1.卧室布局不同

西双版纳傣族竹楼，男女数代同宿一室，因此卧室共用一大通间，在楼面上铺垫、挂

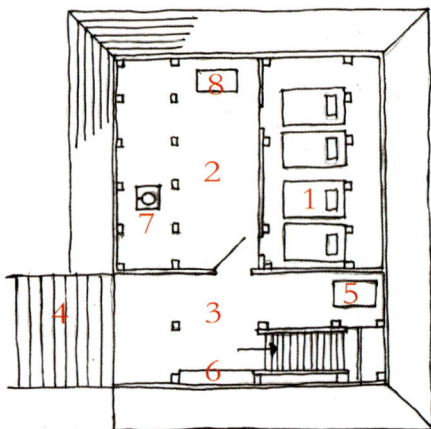

1.卧室 2.堂屋 3.前廊 4.晒台
5.储藏 6.座椅 7.火塘 8.户主坐席

图5-51 西双版纳典型民居平面图

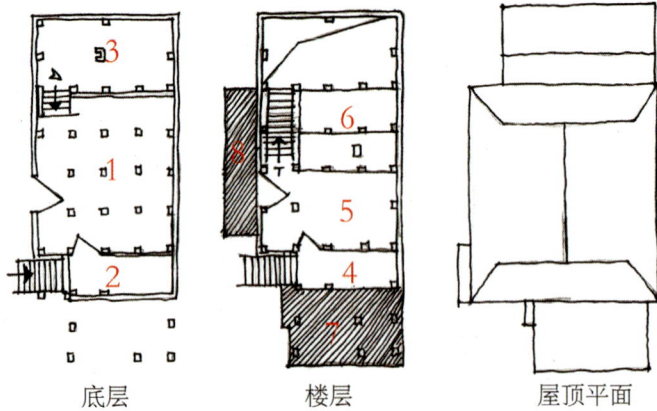

底层　　　　楼层　　　　屋顶平面

1.储藏 2.储藏 3.厨房 4.前廊
5.堂屋 6.卧室 7.晒台 8.阳台

图5-52 瑞丽地区典型民居平面图

帐，席地而卧，家中数代同室而寝，睡觉位置按长幼次序排列，长辈靠里，晚辈靠外，傣族一般不欢迎外人进入卧室。近年来分室而居有一定改变。德宏傣族景颇族自治州瑞丽地区则分室居住，近年来变化更大，大多分室居住。

2. 火塘设置不同

火塘是干栏式民居的必备，常在民居的堂屋中设置。但是西双版纳竹楼和德宏瑞丽竹楼火塘设置略有不同：西双版纳火塘终年不灭，用以日常饮食、待客，由于经常烟雾弥漫，房屋往往被熏黑。在德宏傣族景颇族自治州瑞丽地区，则在楼下另建厨房，楼上的火塘仅作冬季取暖之用，因此室内较为清洁、舒适。

3. 整体外观差异

脊短坡陡无窗的西双版纳竹楼：竹楼一般为方形，在此基础上也有变化曲尺形和凸字形，屋顶为歇山式，脊短，坡陡，下有披屋面（即偏厦），有重檐屋顶遮阳挡雨。一般没有窗户，墙及楼板多缝隙，可以通风，达到了室内阴凉的效果。

脊长坡缓有窗的德宏瑞丽竹楼：竹楼一般建于院子中部，将院子分为前后两部分。竹楼底层架空，但全部用竹篾墙封闭起来。墙是垂直的，这与西双版纳傣族竹楼的墙脚向内收是不同的。德宏瑞丽竹楼屋顶为歇山式，脊长，坡面平缓，外墙开窗，有的还是落地窗，墙与屋顶之间有缝隙，这些都加强了室内空气的流通，达到了室内阴凉的效果。楼梯一般安在楼外，整个竹楼显得挺拔畅朗，外观类似汉族的楼房。

5.4 生态民居

生长在不同地域环境中的人们，因地取材创造自己的家园，起初是为了生存需要，在满足基本物质条件基础以后，开始美化家园、装点家园。我国分布在不同地区的民居就十分真实地反映了人们为改造家园而进行的种种努力和优秀成果。无论是用土创造的民居（福建土楼、土坯房、土窑洞等），还是用石头创造的民居（石板房、石碉房等）；也无论是用竹木搭建的民居（竹楼和木楼等），还是以布皮木架搭建的帐篷（如蒙古包和西藏的毡包等），它们都是因地施材，因陋就简，因地制宜作用下的优秀结果，是在有限条件下，最为经济、便捷的创造。这些家园不仅有着绿色的自然环境，而且极大节约了人工建材，并具有良好的节能调节措施，天然的调节温度，可谓是生态性民居。

但根据本书的章节编排，每章的侧重点不同，我们选取了客家土楼、蒙古包、窑洞民居作为生态型民居做重点阐述。

陕北的生土窑洞是在黄土高原地区开凿的居住空间，这种建筑不仅节省了大量建材，而且还具有冬暖夏凉、不占良田、不破坏生态环境等优势。

游牧民居的帐篷，可谓游动的家。中国的新疆和蒙古居民，逐水草而居，搭建了轻巧的帐篷，便于拆卸搬迁。这种民居十分适应当地的生态环境，由于沙漠草原中，只有毛皮和少量木材，帐篷结构力求经济轻便，搭建帐篷的手艺世代相传，沿袭至今，是最为环保的绿色家园，拆卸移动毫不破坏周边环境。

中国是个多山国家，很多山区石头众多，土木稀少。当地居民因陋就简，就地取材，盖建了富有特色的石头房。天然石材是乡土建材之一，它经久耐用，绿色环保，不会增加生态循环系统负荷。可以循环利用，可持续发展。建成的房子，耐火性好、不透水、热稳定性好，很适宜人居。河南太行区林州市的石板岩地区、贵州西南的布依族聚居区就是多石之地，人们建起了十分坚固的石头房、石头街，甚至有些家具也是石头做的，这就是著名的"石板房"民居。

窑洞、帐篷、石板房，反映了分布在不同地理环境中的人们的聪明与智慧，为了改善生

图5-53 姜氏庄园鸟瞰图

图5-54 靠崖式窑洞

图5-55 靠崖式窑洞下沉式窑洞

图5-56 独立式窑洞

陕北窑洞民居

窑洞民居是利用生土营建的住房艺术，是一种现存的最古老的半穴居民居形式。

窑洞民居的集中地区主要分布在我国华北、西北地区的黄土高原，这里土层深厚，土质坚硬，直立性强，干旱少雨，人们利用雨水冲积而成的沟壑、断崖，开掘窑洞，十分便利。在这区域内，窑居分布按照地理分布和密集程度，可分为陇东、陕北、豫南、晋中南、冀北和内蒙中部等6个地区，宁夏和青海的部分地区也有。目前这里百分之七十以上的人家尚居窑洞。

陕北窑洞是窑洞分布密集地区之一，主要包括延安、榆林两个地区，共26个县市。其中米脂的姜氏庄园、马氏庄园、常氏庄园等窑洞庄园，建筑艺术十分突出，设计者融汇了其他建筑风格和窑洞建筑技艺，是陕北窑洞的精华部分。

生态建筑的典范

"土打的窑洞丈二宽，夏天凉来冬天暖"。由于窑洞顶部厚实，既能保温，又能隔热，所以冬暖夏凉。陕北窑洞大多依山而筑，建筑材料简单，占地少，不破坏地貌，保护自然界生态平衡，建造成本低廉。

窑洞室内建造比较完善。将炕和灶台、烟道连在一起建造，构建出一套在窑洞中做饭、取暖、排烟、换气的一体化系统，可以抵御寒冷冬季的严寒，满足采暖取热的生活需要。

陕北窑洞的分类

（1）按照建造材料陕北的窑洞大体上可以分为三类：土窑洞、石窑洞和砖窑洞。

土窑洞，是利用黄土的特性，挖洞造室修成的窑洞，一般深7~9米，高3米多，宽3米左右，最深的可达20米。土窑是直接在黄土形成的崖壁上挖孔，形成居室，多数在内部加盖砖或石墙，以防止土层倒塌。

石、砖窑洞是用石、砖作建筑材料，深7~9米，宽、高皆为3米左右的石拱洞。砖窑、石窑在平地上用砖或石头搭成墙壁和上部的拱，然后人工盖上土。

（2）按照窑洞建筑布局和结构形式，窑洞又可分三类：靠崖式窑洞（崖窑）、下沉式窑洞（地窑）、独立式窑洞（箍窑）。

● 靠崖式窑洞（崖窑）

在黄土台地的陡崖上或冲沟两侧的土壁上，挖掘出来的窑洞一般称为靠山式窑洞，也称为崖窑或冲沟窑。每洞宽约三四米，深5~9米，直壁高度约两三米，窑顶掘成半圆或长圆的筒拱。窑洞常呈曲线或折线形排列，有和谐美观的建筑艺术效果。在山坡高度允许的情况下，有时布置几层台梯式窑洞，类似楼房，蔚为壮观。并列的各窑由窑间隧洞相通，也可窑上加窑，上下窑之间内不可掘出阶道相连。

● 下沉式窑洞（地窑、天井窑）

下沉式窑洞就是地下窑洞，又称为"天井窑院"、"地坑院"、"土坑窑"、地窑等。下沉式窑洞是在平地掘出方形或矩形地坑，形成地下庭院，再在地坑各墙壁上横向掘窑洞，多用在缺少天然崖壁的地段，主要分布在黄土高原地区。

地坑式窑洞村落十分有趣，"进村不见人，见树不见村"是这种村落的真实写照。地坑，一般深5~8米，一边修一个长坡径道或斜洞子，直通地面，作为人行道。院落有独门独院，也有二进院、三进院，即多个井院联合，院内同样栽花种树，仿佛地下的四合院。

● 独立式窑洞（箍窑、覆土窑）

箍窑并不是真正的窑洞，而是一种掩土的拱形房屋，以土坯或砖在平地仿窑洞形状箍砌成洞形的房屋。箍窑建造时，一般用麦草黄泥浆和土胚砌成基墙，拱圈窑顶而成。窑顶上也仿照一般房屋的制式建造椽头和屋檐，甚至有的还盖上青瓦，远看似房，近看是窑。

用长方形石块箍的窑洞称石箍窑。这种窑洞不需要靠山依崖，能自身独立，又不失窑洞的优点。箍窑可为单层，建成为楼。若上层也是箍窑

图5-57　窑洞村落

图5-58　米脂县刘家峁的姜耀祖窑洞庄园全貌

图5-59 杨家沟窑洞

即称"窑上窑",若上层是木结构房屋则称"窑上房"。

建造箍窑主要是因为它十分适合当地气候条件,具有坚固耐用、节省资金、冬暖夏凉、挡风隔音、防震抗震的特点。

陕北窑洞的典型

在地形起伏的梁峁地区,大型住宅中也有砖石窑洞组成的下沉式四合院。著名的窑洞庄园有米脂县刘家峁的姜耀祖窑洞庄园和杨家沟的马家"骥村"古寨。

陕北典型的城堡式窑洞庄园——米脂县刘家峁的姜耀祖窑洞庄园,是全国最大的城堡式窑洞庄园。米脂县城东15公里桥河岔乡刘家峁村的姜耀祖窑洞庄园,是陕北姜耀祖在清光绪年间投巨资建的私宅。庄园占地40余亩,依山就势,坐落在牛脊梁山湾三面环山的怀抱中,符合"负阴抱阳"的风水理念。庄园根据地形地貌,运用园林理论中"步异景移"、"峰回路转"的构图手法,并结合了中国院落民居精华,堪称窑洞民居中的精品。

杨家沟革命旧址(马氏庄园)亦称"龙凤寨",建于清同治年间,至今有300余年,占地面积1万平方米有余,是一座城堡寨庄园。建筑以窑洞为主,分为旧院和新院。旧院有南北炮台(龙眼)、观星台(龙角)、水井(龙嘴)、窑洞四合院,具有防御性质。其中窑洞四合院,采用陕北地区最高等级的"明五暗四六厢窑倒座厅房"的建筑形式。新院马氏庄园,建成于1939年,是中西结合风格的建筑院落。建筑设计奇特,一排平面凹凸交错,右边是中式建造风格,中间是欧式建造风格,左边是日式建造风格,三种不同风格的建筑物和谐地融为一体,飞檐雕梁,显示了陕北窑洞建筑文化的博大精深。

石头的家——贵州石板房

贵州中部地区盛产石材，这里的岩石有岩层外露、硬度适中、节理裂隙分层的特点。当地人创造性地将这种天然的材质用到建筑上，贵阳石板房就这样创造出来。石板房主要分布在布依族、苗族、仡佬族和屯堡人居住地区。集中地区为布依族和屯堡人居住区。

● 民居特征

"以木为架，石头为墙，石片为瓦"，这是贵州石板房的基本特征。石板房除柱、梁、檩、楼板用竹木外，其余全用石料。他们还创造了别具特色的石制家中用具，如碓、磨、钵、槽、缸、盆、桌、凳等。民间谚语流传着"石头的街面、石头的墙、石头的瓦盖、石头的房、石头的辗子、石头的磨、石头的碓窝、石头的缸"，十分生动地道出了石板房的民居特色。

● 布依族的石板房——干栏石房

布依族石板房主要分布在布依族聚居的贵州中西部的贵阳、平坝、安顺、长顺、织金、镇宁一带。村寨堪称"石头王国"，被称为贵州"八大怪"之——"布依族的石片当瓦盖"。

1.片石构成的屋顶美韵

石瓦有两种造型：厚薄相同的石片多加工为正方形，形成菱形图案，形似白果花，称为"白果型"，极具装饰色彩；也有根据石片的厚薄不均，大小各异进行随意搭配的做法，经过工匠妙手巧搭，形成如"鱼鳞"效果，称为"鱼鳞型"，颇具自然天成之美韵。

2.粗犷自然的干栏石房

现在布依族的石板房大多数为干栏式建筑，多根据使用功能要求、由下而上依次为牲畜空间、居住空间、储藏空间等立体空间布局，是黔中一代民居最基本、最普遍的单体格局，叫作砌墙石板房，属于干栏式建筑，又称为干栏石房。

干栏石房的明厅建在二层楼上，并有楼梯进出房间。二楼前问为堂屋、后间设有火塘，两厢

图5-60 错落有致的布依族石板房

图5-61 就地取材建就的石板房

图5-62 富有特色的石头墙

图5-63 现代石板房

一般也各分前后二间，前间下部多利用山坡地形的高差，作为牲畜空间，并另辟小门，前间上部地面抬高做卧室使用。牲畜出口则在下层另辟小门。两厢后间分别为卧室和厨房。厢房设置阁楼做储藏使用。

干栏石屋采用穿斗式构架的木构体系，承受屋面及阁楼传来的荷载。屋面，有青瓦、石板、树皮、茅草等多种，多为双坡排水悬山或歇山屋顶。屋脊略作突起，简单易行。

3.富有特色的石头墙

墙体为块石砌筑，也有片石砌筑的。还有用圆形或椭圆形堆砌的。块石平整规则，类圆形自由活泼，二者的咬接缝内一般用石灰砂浆，这种石灰勾缝之法形成"虎皮墙"，具有强烈的装饰美感。

片石墙则有不齐之天然美韵，用料厚度大小不一，或平整或自然随意，各具特色。贵阳花溪一带的石板房，将大片的合朋石镶嵌在木构架凹槽内作墙壁镶板，别有情趣。窗洞很小，洞顶有尖拱、圆拱、平拱等不同形式，或聚或散分布，造型别致。

存环境，根据本土有限的建筑材料，创造了经济、科学、生态的家园，而这也是未来社会建筑发展的必由之路。

生态民居典范——蒙古包

位居中国蒙古大草原的游牧民族，其居住方式为毡帐式民居，又叫毡包，具有制作简便、易于组装、抵御风寒等特点。蒙古草原的毡帐式民居与中国其他地区的蒙古族以及东北的鄂温克、达斡尔族，西北的哈萨克、塔吉克等民族的民居一样，也多使用类似的毡包，之间仅在高矮、形状、名称方面有所不同，但整体构造基本一致。

蒙古包是最适合蒙古人生活方式的建筑形制。蒙古包的名字取自清朝满语，满语把

图5-64　造型简约的蒙古包

家、屋都叫成"Boo"，把蒙古包叫成"Monggo Boo"，汉语半音半译，故叫成了"蒙古包"。蒙古人则称之为"格日"，也是"家"或者"屋"的意思。

一、蒙古包的由来

在原始社会早期，人类为了躲避寒冷和野兽侵袭，居住在山洞中取暖御寒，在草原地带的蒙古族，没有山洞可寻，就在河边崖头自造山洞，也就是窑洞，用来避寒，但是窑洞无法游移，对于四处采集的蒙古族十分不便，渐渐地，地上窝棚开始诞生。进入游牧时期的蒙古人开始大量制造简单的地上窝棚。

当时有圆形拱顶窝棚和尖顶窝棚两种，制作非常简陋。

圆形窝棚是用很多的长柳条子、高芦苇、细木棍圈成以经线为主的圆筒子放在地上，再用细木条横编几圈，经纬交织，形成方形网格，构成骨架。竖木条在上面弯曲后，把梢头搭在一起，编成一个拱形。外面再用榨树皮和兽皮包裹上。

尖形的窝棚可以分为两种，一种是在一定的距离之内，栽起两根带杈的木棍。再把一条木椽，横搭在上面，做成一个门形，又在两侧均匀地斜放许多细木棍，做出一个三角体的骨架，上面用树枝树叶覆盖起来；第二种为类似鄂伦春族的仙人柱（也叫撮罗子、歇仁

柱）：基本架构是用三根粗细差不多的木棍，其中一个带杈，可以把另外两根搭在它上面，形成稳定的三脚架，然后用很多细枝条在三脚架的周围搭起一个圆锥体的框架，在其上蒙树皮兽皮覆盖。

圆形窝棚和尖形窝棚，就是蒙古包的雏形。虽然较窑洞居住起来方便，但也有很大局限性：圆锥形的窝棚人在里面只能弯腰行走。为了加高，后来采用将一个大圈加在木椽上面结构。木椽子修整去梢后搭在圆圈上，但大圈支撑不住很多木椽的压力容易变形，所以后来又在圆圈内部加上了十字架，形成个天窗，这就是套脑（蒙古语为"十字架"的意思）。天窗、木椽结合在一起，还不能算是蒙古包，为了进一步扩大空间和增大高度，在木椽子下面再加一圈，下面构造部分与圆形窝棚的木栅制作原理相结合，即在木椽下面再加上一个网格状的木栅。木椽架在木栅上边的叉上。这样天窗、木椽、网状的木栅，形成了蒙古包的雏形。

二、蒙古包的结构

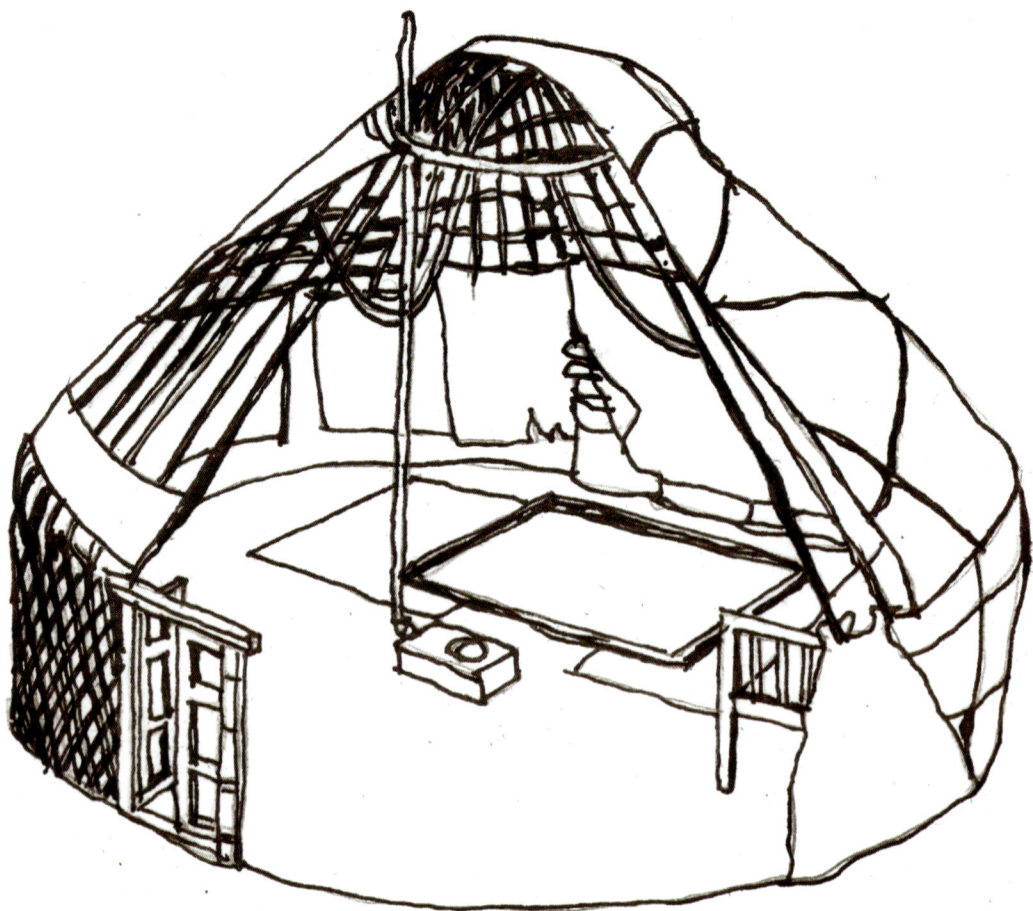

图5-65　蒙古包的结构

图5-66 蒙古包的木架

● 蒙古包的木架——套脑、乌尼、哈纳、门、巴根和柱子

蒙古包有三段组合的结构：上面的圆形天窗叫作"套脑"，是解决通风透气，采光排烟的重要通道，也是非常主要的结构之一。套脑有很多种样式，有井字式套脑、插孔式套脑和串连式套脑三种。井字式套脑和插孔式套脑，是和乌尼分开的；串连式套脑，是跟乌尼连在一起的。

套脑下面，像伞骨一样辐射下来的细木椽叫作"乌尼"，蒙古包的顶部骨架，起着檩、檐及房笆的作用。乌尼上接套脑，顶端插在套脑孔里，下端挂在哈纳顶部，是蒙古包架木承上启下的部分。

乌尼下面一扇一扇组成的网格状支架叫作"哈纳"，是蒙古包包壁的骨架。它是由轻质沙柳（当地的一种植物）做成的可张开可收拢的活动网片，便于搬迁。哈纳的意思，蒙语为"挡住"。它是以直径不到3厘米的柳条截成规定长度，等距打眼后用牛皮条或马鬃绳穿绑成网状。

跨度大的蒙古包，要用柱子顶住，一般两根即可，十扇哈纳组成的蒙古包则要四根柱子，一般把细短的叫巴根，粗长的叫柱子。

巴根头部形状各异，有丁字形、干字形、三角形、芭蕉扇子形等，有很强的装饰性。巴根粗细高矮不同，有圆形和菱形的多种，上面雕刻有蒙古纹饰风格的图案，主要有龙凤水云神仙人物等，王爷级别的甚至有云纹水纹衬底的浮雕盘龙柱。

● 蒙古包的外围结构——苫毡

图5-67 蒙古包的软性组织

骨架外面包裹严密的软性组织，覆盖在套脑上面的是幪毡，覆盖在乌尼上的是顶棚，覆盖在哈纳上的叫围毡。还有最顶部起装饰作用的顶饰，以及起到封闭收脚作用的底边围子。顶饰简单来说就是装饰布，上面绘制精美的富有民族特色图案，底边围子夏季用木板、草枝、帆布或者柳芭，冬季则采用毡子。

毡门呈长方形，和门框一致，挂在木门外面，起到遮风和装饰作用。

苫毡所有部件要由毛绳压边，毛绳为马鬃制成，各个部件压边后，形成精细的线条和图案，起到独特的装饰作用。

● 蒙古包的绳索结构

蒙古包的绳索有三类，原料绳索和单体绳索，如围绳、压绳、坠绳等。这些绳子将整个蒙古结构紧密联在一起，并有很强的工艺美感和装饰美感。

三、蒙古包的种类

蒙古包十分适合蒙古族人民的生活、生产，具有易于搭建，易于搬迁，易于拆散，体积小，阻力小，少积雪，可就地取材，制作简便等优点。处在不同地区的蒙古人创造了不同的蒙古包，以适合在不同地域环境下生活与生产需要，传统蒙古包主要有移动式、固定式和人字帐房三种。

移动式蒙古包是游牧民的民居，主要分布在锡林郭勒草原和呼伦贝尔草原。蒙古语称为"乌尔郭格乐"（勒勒车上的流动房子的意思）。适宜于逐水草而居的游牧民族。毡包随着季节而迁徙，夏季毡包建在水草丰美、通风凉爽之处，冬季建在背风向阳的地方。这种毡包一般为易搭、易拆、运输方便的圆形拱顶。移动式的蒙古包支架不必永久性地固定，没有木栅围绕的院墙，简单装饰，地上没有地毯，只用生兽皮或毛毡子铺地；主要结构都是围绕易搭、易拆、便于搬运，能够在短时搭建好。

固定式蒙古包是半农半牧区的民居，分布在通辽、赤峰一带地区。这种毡包的大小、结构等都与移动式蒙古包一样，不同之处在于它必须把墙基埋入地内，毡屋周围的土地必须夯实，然后把墙脚用石块或木材加以固定，院内要用木栅围绕，内部装饰讲究，有地毯铺地、图案装饰墙面，并装有床板。

人字帐房是一种小型的蒙古包，是蒙古人休息、会友之所。包的里外用青蓝细布装饰。下雨天，要在上面加遮布棚；大风天，要用绳子把布系在柱子上，木结构交接处，用铁包裹。

除了以上三种类型外，蒙古包的形式还有斡儿朵、土木建筑的蒙古包、方形的房屋等形式，都是适合不同地区环境的蒙古包样式。

四、蒙古包内部陈设

● 火灶

蒙古包的搭建，先要在蒙古包正中心的位置立灶。先把火撑子立起来，火撑子在古老的蒙古族传统中代表家庭。火撑子如果是三条腿，要一条朝南，两条朝东西。按照蒙古文化，火撑子的三条腿，西面的代表男主人，东面的代表女主人，南面的代表儿媳妇。如果是四条腿，要让它们两两之间的连接线，南北的跟辅梁平行，东西的跟主梁平行。火撑子框，也要随着摆正，绝对居中。锅灶安放在火撑子的时候，也要端正。如果倾斜，只能向西北倾斜，决不能向东南倾斜。

图5-68 蒙古包的内部陈设

有"财主家的锅，向西北倾斜"之说。

● 铺垫

立灶后，开始铺垫蒙古包的底层。底部可以先铺一些牛皮或者塑料用来阻隔潮湿，可以全铺也可留出家具位置。蒙古包的底部一般由4块三角形组成，背面一块，东西各两块。中间放火撑，南面放粪箱（蒙古人认为牛羊粪是干净的），供人出入，不铺毡垫。毡垫或者木地板呈倒凹字形，外沿为圆形。另一种铺地法为"毡包八垫"，即把4块再变成8块，每块由一个三角和一个大体上的矩形组成，图案装饰精致，十分讲究。

● 家具的摆放

家具的摆放，一般以正北为中心，遵循以西为上的原则。往西的西北、西、西南半边，都是男人的位置。往东的东北、东、东南半边，是女人位置。西北为神位；西面是男人用品之位；西南为马鞍具、酸奶缸之位；北面是被桌之位；东北是女人用品之位；东面为碗架之位，有床后成了放床的位置，碗架移向东南；东南为水缸锅架之位；南部为门户之位。

五、蒙古包的装饰

蒙古包常装饰有吉祥结。汉族人称为盘长的图形符号，蒙古族叫吉祥结。佛教用它作为"因环贯彻，一切通明"符号。这种结构与哈纳的形状颇为近似，象征"围绕祖国的大吉祥结"。

图案主要分为动物图案、花草图案、山水云火图案、寺庙图案、文字图案与其他图

图5-69 蒙古包常见的装饰纹样

案等。具有民族特色的纹饰有：四雄（龙、凤、狮、虎）图案，七珍（法轮、如意、臣、纪、英雄、象、马）图案，八宝（伞、双鱼、银瓶、金盖、莲花、白螺、吉祥结、经轮）图案，以及哈纳纹、犄纹、云纹、十字纹、水纹、火纹、卷草纹、回纹、金钱纹、团花纹、吉祥纹、万寿纹、蝴蝶纹、蝙蝠纹，等等。这些图案在蒙古包的内外墙体和家具、用具上充分得到了展示。

总之，蒙古包具有鲜明的民族特色，它极富生态理念的构造方式和实用功能，十分值得学习和借鉴。

5.5 防御型民居

民居建筑的安全性是任何民居建造者必须考虑的，然而并非所有的民居都仅仅为了防御目的而修建。防御型民居指的是将防御性作为民居设计的重要要素进行专门的强化处理。这种民居在我国主要有客家土楼、藏族碉房、羌族的碉楼和广东的碉楼等。在民族迁移过程中的客家人，为了防止周围别族居民的侵犯和匪盗发生，建造了客家土楼这种独特的建筑样式；居住在恶劣气候条件下和高原环境中的藏族居民，建造了坚固的碉房和碉

藏族的碉房

西藏碉房民居

西藏建筑是在穴居基础上发展演变来的。由于海拔高，气候严寒，加强了防御性。

西藏的防御性首先体现在选址上。西藏古代民居建筑在选址主要在地势险要、易守难攻的靠山坡地或台地，另一个是选在交通要道的咽喉位置。二者都是为了占据重要地形或位置，无论是历史上还是现在，以这种方式选择地形的民居在藏区随处可见。

图5-70 藏族村寨

图5-71 藏族碉房

图5-72

其次，这种防御性体现在西藏民居建筑群的聚居。由于西藏地广人稀，生产力低下，人们需要以某种关系为纽带聚居在一起，以增强防御能力，聚居的村落酷似巨大的城堡。

再次，民居本身具有军事防御性。碉房是主要居住建筑形式。这是一种用乱石垒砌或土筑的房屋，高有3~4层。因外观很像碉堡，故称为碉房。碉房围墙坚固厚实，墙体超过1米厚，高2米以上的院墙十分封闭，使院落具有私密性。仅有一层的房屋开窗很小。楼居底层则为牲畜之所，不开窗，仅仅留一个小气孔，作通气瞭望之用。屋顶平台供晒谷物及夏季乘凉，也便于瞭望，并有活动式的独木梯，既方便使用，又可移动，防止外人利用。外墙底层不开窗或只开小窗洞。楼上局部开天窗。

除了安全性加强外，碉房民居装饰华美。装饰色彩有红、白、蓝、黄、绿五种颜色，分别寓意火、云、天、土、水，是他们喜爱的颜色，建筑彩画强烈鲜明与素朴的建筑材质形成对比。粗石垒造的墙面上有成排的上大下小的梯形窗洞，窗洞上带有彩色的出檐。在高原上的蓝天白云、雪山冰川的映衬下，显得造型严整，色彩富丽，颇具粗犷之美。

图5-73　羌族村寨

羌族民居

　　羌族是中华民族大家庭中历史悠久的民族之一。现在主要聚居在四川省西北部阿坝藏族羌族自治州境内的茂县、汶川、理县以及松潘县和绵阳北部部分地区。

　　羌族人建筑形式分为碉楼和住房。十余家或数十家相聚为一村寨。碉楼和平房有的连在一起，有的分开。一般都是在一个单体内用不同的房间安排牲畜圈、草料储藏、居室、厨房等，往往在建筑的一侧，建一个高塔作为防御性质的瞭望塔，我们称之为碉楼。

　　碉楼，早期称为邛笼（一般的石砌民居），形态多样。四角、六角或八角形几种，最高达十三四层，顶部为平台。碉楼棱角突出，其优点在于既可防御，又可贮粮。

　　住房一般为平房，上面装饰有白石。羌族信仰白石神（天神），墙角也堆立白石，这给屋顶外观造成起伏变化的轮廓线，很有民族特色。

　　平房以三层为最多，也有二层、四层。最高一层做经堂。除下层外，每层均铺有地板，由木板梯或独木梯上下。各层留有两、三个尺许见方的窗洞，内大外小，用石板或木折镶成，不加窗格，室内无厕所。

图5-74　羌族碉楼

楼；历史上受到汉族和藏族的强大军事压力，以及本民族械斗的影响，羌族人为了使村寨更加坚固，加强了防御性措施。通过长期的摸索，处在恶劣环境中的居民，创造了独特的建筑形式。

防御型民居的典范——客家土楼

土楼是以生土版筑墙作为承重系统的任何两层以上的房屋，主要分布在中国东南部的福建、江西、广东三省。其中分布最广、数量最多、品类最丰富、保存最完好的，是福建土楼。

福建土楼主要是客家人所建造。客家人是江浙、闽海、广府的汉族人的一个分支，是迁移到福建的汉族人。客家人是祖籍中原的汉人，自西晋以来，因为受战乱影响逐步南迁，有一部分迁移到今天的江西、广东、福建三省交界地区，与当地民族经过漫长的融合，最终形成了客家民系。"客家"一词，就是相对"土著"而言的。土著居民居住在地理环境较好的平原地带，客家人只能定居在赣南、闽西、粤东山区，俗称"逢山必有客，无客不住山"。明清时期，客家人为躲避当地族群纷争所引发的"寇盗"和"匪患"之苦，改变了原有的生活方式，建造了防御功能较强的土楼。

图5-75 土楼鸟瞰

图5-76 福建安溪土楼群

闽西南地区的深山野林中,方形圆形的土楼星罗棋布,主要分布在福建省永定县、南靖县、华安县的土楼和土楼群。这些土楼宛如一朵朵盛开的奇葩,绽放在山野中。

一、神秘奇妙的形体

闽西南土楼大致于11—13世纪,17—20世纪上半叶发展成熟,一直延续至今。这些大型夯土建筑,布局上依山就势,具备中国古代建筑规划的"风水"理念,利用本土的生土、木材、石头等廉价建材,创造性地建造了一个适合聚族生活和具有防御功能的建筑类型,集节约、生态、安全于一身。

土楼依据形状可分为圆楼、方楼、弧形楼、半月形、混合型、五凤楼等。其他形状土楼以形状分类的土楼尚有凹字形、八卦形、半圆形、椭圆形、弧形、五角形、交椅形、畚箕形等。其中凹字形土楼主要分布于闽南南靖、诏安。八卦形的土楼则偶见于永定、漳浦、华安、诏安、南靖和中国广东东部,中国最大的八卦土楼为广东省潮州市饶平县境内的道韵楼。半圆形多分布于平和与永定。另外土楼还有殿堂式围屋、走马楼、府第式方楼等结构布局分类。

● 环环相套的圆楼

圆楼为圆形的土楼,又名圆寨。面积庞大者甚至可达72开间以上。其中有一种特殊的圆楼,称为环形楼,从一环楼到多环同心圆楼不等,同心圆楼外高内低,楼内有楼,环环相套,十分壮观。圆楼的平面布局既独立又相互联系,平面内部为单元式布局,分别为以两三开间不等,各单元独立自成体系,有各自的出口、天井和楼梯。底层设为餐室、厨房,第二层为仓库,三层楼以上的房间才为卧房,各个房间以一圈圈的公用走廊相互联系,全楼只用一个大门供出入,整座楼坚固雄伟,气势雄壮,并设有瞭望台等防卫设施,突出了防御性的功能特点。

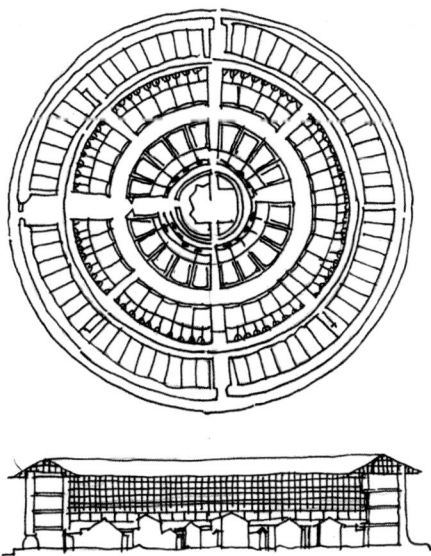

图5-77 圆形土楼的平面立面

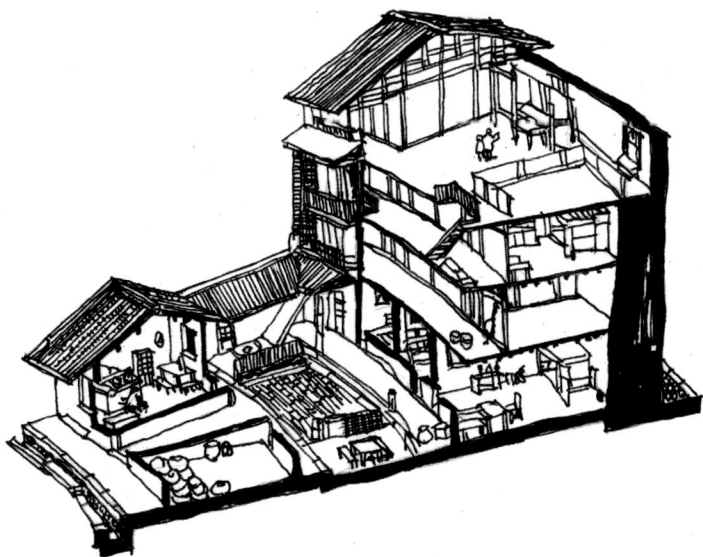

图5-78 圆形土楼一个单元的内部结构图

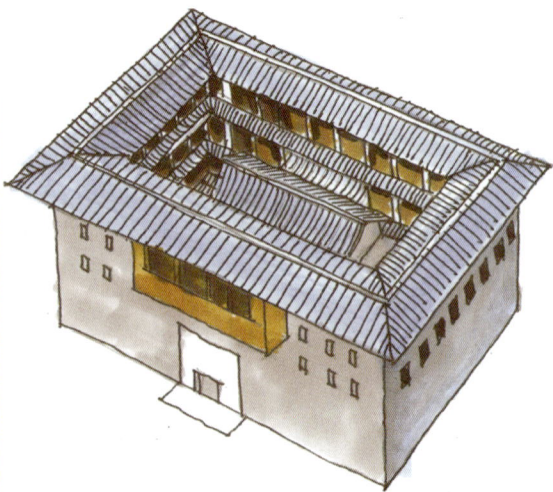

图5-79 方楼

● 简便易建的方楼

方形土楼，又称为"四角寨"，最大优点为房间规格整齐统一，施工方便。永定土楼最多的算是方楼。这种楼结构较简单，有封闭式、开放式、正方形、长方形，高达二三层，四五层不等，面阔二三间，或十几间不等，或单独呈"口"字形、"目"字形，通廊式平面。建造方形楼，先夯筑一个正方形或接近正方形的高大围墙，再沿此墙内侧扩展该楼其他建筑，扩建的制式规格通常是敞开的天井与天井周围的回廊，使之相互衔接、贯通，由此构成该楼雏形。这些相同建造样式的楼层堆积起来，最高甚至可达六层楼。

● 其他造型的土楼

还有一种独特的弧形土楼，主要特点是规模宏大，房间众多，围绕着中心祖堂和其前面的风水池，呈弧形组织房间，小的有二三圈，大的多达四五圈，环环相套，房间数量内少外多，犹如孔雀开屏。还有半月形的土楼，呈半圆形状，宛如半个月亮，造型新颖别致。

混合型民居，数量不多，很有特色。如诏安客家民居官陵乡大边村的"在田楼"，有三四百年的历史，该楼外观由内外两环混合而成，内环两层，按照方形平面布局，后面两边呈弧形转角，形成前方后圆的平面，外环三层，按照"八卦"形状布局，每卦8间，一层有64间，东西两面出口。外墙厚达2.4米，外径86米，是至今发现的世界上直径最大、墙厚最厚的圆形土楼。

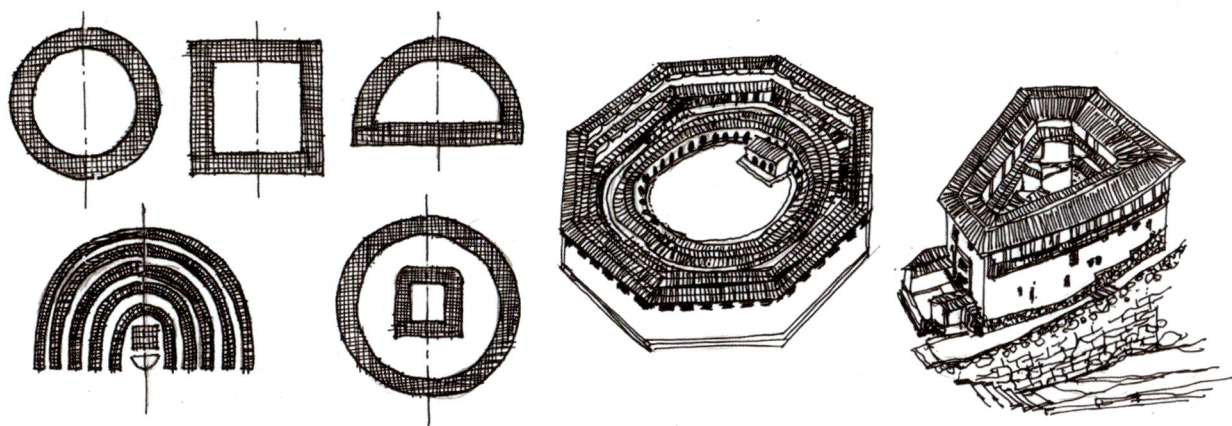

图5-80　土楼的造型多样

● 堂皇规整的殿堂式围屋

殿堂式围屋源自黄河流域的传统建筑文化。内设上下厅堂、天井、后室、横屋、巷道等。它有"二堂二横"式（即两个厅堂，两列"横屋"），"三堂四横"式，一般有分明的中轴线，整体呈方形，横屋只有一层或二层。殿堂式围屋与府第式方楼相比，虽同一渊源，但规模较小，结构较简单，横屋明显高于厅堂、后楼，采用抬梁式和斗拱式混合结构，布局严谨，讲究坐向，左右对称，富丽堂皇。

图5-81　殿堂式围屋

图5-82　五凤楼围龙屋鸟瞰图

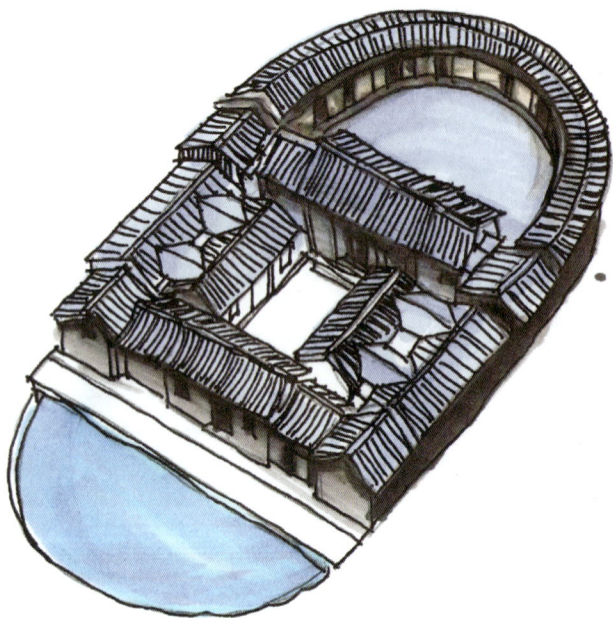

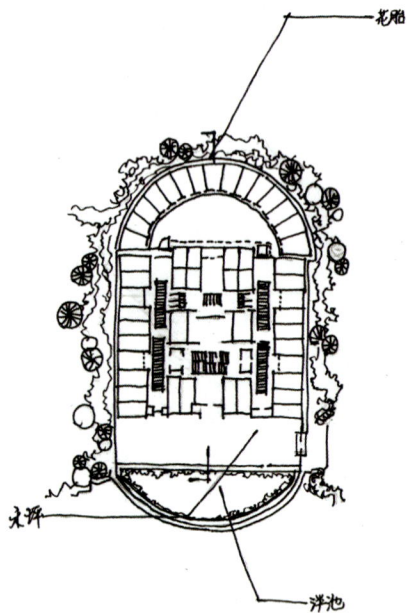

● 前低高后的五凤楼

五凤楼因外形犹如展翅的凤凰而得名，屋脊飞檐多为五层叠。特点前低后高，层层跌落，由上堂、中堂、下堂和两侧的厢房组成。建筑形制和殿堂式围屋、府第式方楼相似，内设厅堂、横屋等（有的没有设中堂，简化成"两堂两横"），主要区别在于五凤楼前低后高，逐级升高，后侧主楼最高，屋顶青瓦呈层叠式，屋脊起翘。通常建在山地斜坡的地基上，厅堂与横屋随着地势呈阶梯式升高，楼内地面也呈阶梯形。

图5-83　五凤楼围龙屋的平面和立面图

● 伦常有序的府第式方楼

府第式方楼，通常为"三堂二横"式结构，又称"三堂屋"。平面与五凤楼相似，但一般规模更大，设施齐全，门坪外还筑有围墙。一般在中轴线上的三座前低后高的楼房，中间为天井，天井两边为厢房。前楼设前厅和大门，中楼设中厅（大厅），是全楼最大公共空间和中心，后座为主楼，设正堂。中轴线两侧建前低后高、左右对称的两座横屋，"三堂"与横屋之间分别有一个长方形天井，前后以走廊与厅堂连接。前堂大门两侧廊厅分别设一道小门作为横屋的进出口。主楼屋顶为小青瓦九脊顶。主楼最高，出檐大，主次分明。永定县的"永隆昌"为府第式土楼的典范。

图5-84 永定府第式土楼 洪坑村福裕楼

● 宽阔通畅的走马楼

客家民居吸收南方"干栏"式民居的优点、创造性地运用中原先进的夯土技术创造了走马楼。为了适应山区的复杂地形和多雨潮湿的气候，采取在二楼的外部以木料架设一条外伸悬空的走廊，简单易建、省工省料。形式有一字形、曲尺形、凹字形和回字形，多为两层楼，一层是厅堂、厨房、杂物间及畜厩、厕所，二层为卧室、仓库。

二、实用的功能

客家土楼建筑在功能上具有聚族而居的亲情感、建筑土楼的实用感、居住土楼的舒适感以及防御安全等多种功能。

● 聚族而居的亲情感

集体性建筑的客家土楼，特点为造型大，体积大。大多数的客家土楼有百余间住房，三四十户人家居住，可以容纳两三百人；大型圆楼则可住七八百人。这种民居充分体现了客家人聚族而居的民俗风情。客家人为了防御倭寇入侵、内有兵火混战的情势，建造了既有利于家族团聚，又能防御侵扰的土楼形式。这种同族共居，显示出来的御外凝内特性是其功能最恰当的归纳。

土楼的内外在特征明显，集中体现了御外凝内的特性。外在特征表现为结构布局都是轴线对称，内在特征是在轴线的中心显赫位置必定设置祖堂，以供敬奉，体现强烈的家族凝聚意识。

这种聚集，主要表现在聚集人力、物力、财力方面。客家土楼无论大小，每座楼必定有厅堂。此厅堂是用来举行宗族宴请、婚丧喜庆、祭祀祖先、供奉门神及其他大型活动的公共场所，也是休闲、商讨农事、交流信息之地，为聚财之地。土楼内还有占地面积较大的门坪。门坪的作用体现为节日欢庆、习武健身、晾晒作物的场地。

● 建筑土楼的经济实用感

客家土楼的主要建筑材料是黏土、杉木、石料，还有沙、石灰、竹片、瓦等辅助材料。客家人的聚居地，素有"八山一水一分田"之称，有丰富的赤红土壤和广袤的森林资源，生土和林木资源充足，客家人因地制宜，夯筑承重土墙的沙质黏土和杉木、松木的山林资源都是原生态的环保性良好的建筑材料。另外，木料可以分两次使用，石料更是遍及各地溪流，用之不竭。土楼的施工技术更是可以完全靠人力操作，无须特殊施工设备，这一切大大节省了建筑费用。

土楼十分坚固，还具有很强的抗震功能。据记载：清朝以来，在客家人聚居地中心永定曾发生过7次地震，每次地震，客家土楼都有惊无险，未曾坍塌。尤其是圆寨的坚固性最好。依靠圆筒状结构能极均匀地承受各种荷重，并因为外墙底部最厚，往上渐薄并略微内倾，形成极佳的预应力向心状态，并由于土墙内部埋有竹片木条等水平拉结性筋骨，虽然会因受力过大产生裂缝，但整体结构也无危险。

土楼还可以防御洪水冲击和暴雨侵袭。明清及以后时期建造的土楼，大多在底部采用大块鹅卵石垒砌成坚固的石基，土墙则在石基以上夯筑，一般洪水袭来，安然无恙。土楼的墙顶设计主要防御雨水冲击，顶部长达3米左右的大屋檐，巨大如伞，防止大雨淋湿墙体、剥蚀墙体。

● 居住土楼的舒适感

土楼十分舒适宜居，不仅冬暖夏凉，而且防潮防湿。在闽、粤、赣三省交界地区，年降雨量多达1800毫米，并且往往骤晴骤雨，室外干湿度变化相当明显。在这种气候条件下，厚土保持着适宜人体的湿度，显然十分有益于居民健康。雨水还通过内庭的天井，下铺鹅卵石可以受雨排水，调节室内温度。

● 居住土楼防御安全感

土楼的墙体厚实坚固，是中国传统住宅内向性的极端表现。土楼的门往往用厚达5厘米以上的硬木材门，硬木厚门上包裹铁皮，铁皮一般半厘米厚，防止枪炮轰击或刀剑砍劈，门后用碗口粗的横杠抵固，横杠有时一根有时多根，闩上之后十分坚固，承受撞击能力很强。客家人就在门上方设置防火水柜，一旦外敌用火攻，则楼内人从井里打水提到二楼门上方灌水，水可以顺着门扇流下来，浇灭大火。厚墙、窄窗、粗闩、铁门，主要用以防御盗贼，增强安全感。

客家土楼如此好的防御功能的形成，主要是由于客家人出于对外防御和自我保护的生存需要。他们将住宅建造成一座易守难攻的设防城市，内水井、粮仓、畜圈等生活设施齐备，从而获得了足够的安全保障。

三、精湛绝伦的建筑文化

● 整体造型的多样性和布局的对称性

土楼的造型丰富，但又有个性色彩。土楼布局的对称性主要表现在三个方面：

其一，明显的中轴线。无论方形楼，还是五凤楼，中轴线都相当明显。厅堂、主楼、大门、门道、走廊都建在中轴线上，横屋和附属建筑分布在中轴线左右两侧，两边对称平衡。圆楼也是如此，其大门、前堂、祖堂等都置于中轴线上，左右两边对称。

其二，突出的核心点。客家土楼，几乎楼楼有厅堂，楼楼有祖堂，且祖堂都是居于最核心位置，是全楼的公共空间，然后以厅堂为中心组织院落，进而以院落为中心组合群体。

其三，流畅的贯通性。从土楼外表上看，似乎是一个封闭的整体；但从内部看，土楼几乎都是通廊式，每个单元既自成一片，又相互连通，唇齿相依，由此形成外紧内松的格局。

● 装饰的简约性

土楼的装饰简单，外墙不加粉饰，与自然环境十分协调。但是土楼内部装饰却极为考究，包括窗台、门廊、檐角等也极尽华丽精巧之能事，形成外土内洋的特色。楹联是装饰的一种重要形式，也是体现客家文化的主要方式。客家土楼在装饰上都会在门柱、门楣等地方镌刻各种各样的楹联，起到教育、激励、规劝人们的作用。另外字画、雕刻也是土楼建筑艺术的重要体现。

5.6 侨乡民居

在中国东部和南部沿海地区有一些建筑样式，为中西融合式的风格。它们是外来文化与中国文化融合下的结果，主要有广东碉楼和骑楼。

1. 骑楼

骑楼遍布世界许多地区，尤以中国东南沿海地区及东南亚地区最多。在我国的骑楼分布主要有以下地区：广州及五邑地区，粤东、粤西、粤北地区，广东外围的琼桂闽赣台地区。

中国骑楼样式，丰富多样，但一部分为中西合璧样式。

2.侨乡碉楼

表5-1 骑楼在我国的分布区

分区	分布状况	县市地区
广州及五邑地区	集中了广东省的超过半数以上的骑楼城镇	包括广州、佛山、中山、顺德、东莞、深圳、江门、新会、开平、台山、船角墟、水口、公益、赤坎、恩平、肇庆等城市（镇）及地区
粤东、粤西、粤北	骑楼分布较均匀，基本上覆盖了除珠江三角洲以外的整个广东港澳与珠江三角洲地域	拥有骑楼的县级以下城镇包括粤东的潮州、汕头、澄海、丰顺、饶平、揭阳、梅州、河源、汕尾，粤西的云浮、德庆、阳江、化州、信宜、罗定、高州、洪江，以及粤北的清远、韶关、始兴、连州、南雄等
琼桂闽赣台	主要是位于广东周边省区受广东骑楼文化影响的城镇，其中台湾、福建、广西、海南4省区分布较多，其他则相对较少，分布不均	拥有骑楼的地区包括有海南省的海口、琼山、文城、琼海、儋县、三亚等，广西壮族自治区的南宁、北海、梧州、桂林、龙胜、融安，福建省的漳州、厦门、泉州、福州、清水、槐南、同安、龙岩，江西省的南昌、赣州，四川省的罗城、黄龙溪、板桥溪、肖溪，云南省的昆明，上海市，重庆市，江苏省的南京，浙江省的杭州、嘉兴、吴兴、南浔、绍兴，台湾的台北、基隆、淡水、新竹、湖口、三峡、台中、漳化、南投、鹿港、台南、嘉义、竹山、高雄、花莲港、台东、新港、富港等

在赣南和闽粤客家地区以及广东五邑地区，分布着中西合璧样式的碉楼。其中以开平碉楼最具代表性。

开平地区，地势低洼，河网密布，因为过去常闹水灾，加上当地匪盗猖獗，清初就有居民开始建筑碉楼，作防涝防匪之用。鸦片战争以后，由于时局混乱，民不聊生，开平人为了养家糊口，开始大批出国务工，经过几代人的辛苦努力，他们开始积累了一些资产。民国时期，战乱仍然不断，又因为当地归国华侨富裕，侨眷多为女性和幼儿，匪患更加猖獗，侨民开始精心营造自己的家园，由于他们常年在国外居住，耳濡目染了国外建筑样式，加上防御型功能的需求，碉楼就创造出来了。

开平碉楼最多时达到3000多座，现存1800多座。开平碉楼造型丰富，不仅有中国传统硬山顶式、悬山顶式，也有希腊罗马的柱式、罗马的券拱、伊斯兰的叶形券拱、哥特时期的券拱、巴洛克风格的山花、新艺术运动时的装饰手法以及其他外国建筑样式。建筑材料大量使用了进口水泥、木材、钢筋、玻璃等，改变了中国民居砖石、土木构造，体现了中国华侨主动学习国外先进技术的事实，也表明了中国华侨开始放眼望世界，共建家园的一

图5-85　开平碉楼

种积极态度。

侨乡民居的典型——广东骑楼

骑楼，在20世纪二三十年代以后，逐渐成为岭南地区最常见的中国传统民居形式之一，主要分布在广州、佛山、汕头等大中型城市。由于建筑的一楼临街部分建成了走廊，可以为行人遮阳挡雨，走廊的上面是二楼的楼层，就好像二楼"骑"在行人走廊之上，所以称为"骑楼"。

广州是一座很早就接受外来文化、跨入近代化进程的城市，作为近代中国最早一批的通商口岸，欧洲骑楼通过广州这座城市进入中国。随着城市商业的快速发展，西洋建筑和岭南建筑相互碰撞，产生了近代特有的广州骑楼，由于广州这座城市地处热带，气候炎热

图5-86　骑楼

多雨，而骑楼不仅能避风避雨避骄阳，而且下层又提供了一种舒适的商业环境，因此这种建筑自然受到市民的欢迎。

一、骑楼的历史渊源

骑楼这种建筑形式出现在2000年前的古希腊，其产生一方面是和当地地中海气候有一定的关系，另一方面是由于古希腊对公共生活的重视。骑楼的半室外走廊特征为人们提供了一种能遮风挡雨的商业空间或公共空间。后来欧洲文明的发展又将这种建筑形式蔓延到欧洲大陆，从古罗马城到威尼斯、伦敦等城市都可以看到大量的骑楼建筑。而近现代中西文化的交流又将这种建筑形式带到了中国。

骑楼的来源，目前存在很多种说法，主要两种为干栏式建筑之说和西方建筑之说。

● 源于中国"干栏式"建筑

架空离地的"干栏式"建筑历史悠久，大抵在原始社会末期已经出现。其来源于我国南方和东南亚地区原始居民的巢居这种最早的人类住宅形式之一。《博物志》里说："南越巢居。"《南越志》说："南越栅居。"所谓"巢居"，与"栅居"，就是我们在广州博物馆看到的"干栏"。人们根据鸟类在树枝上筑巢栖息的现象中获得启发，在"大树上架巢……用枝干相互交错筑成能够遮阳遮雨的棚架"。所以说原始巢居的营造方式是从建造"屋顶"开始的，说明了影响南方先民生活的主要因素包括遮阳、避雨、挡风和防御猛兽等。随着人们对空间的需要越来越大，智慧的古人利用相邻的几棵大树的树干和树枝用交叉和组合的方法来构筑居住面和棚架，以4株大树的树干作为支撑"立柱"的原始"干栏"逐渐形成。

● 源于西方建筑

有历史记载，2000多年前的古希腊已经出现商业骑楼，后来在欧洲流行，近代传至世界各地。广州是近代中国比较早受欧风美雨影响的城市之一。这是因为广东自古就是我国海上丝绸之路的起点，很多华人出国留学或者在南洋、欧美谋生，成为了早期的侨民，他们有机会参与了当地的骑楼建设，近代中国开放后，这些早期的侨民回到祖国，投资建筑的建设工作，根据岭南日照时数高，湿热而且多风雨和夏秋两季多台风的气候特点，在传统的"障空补缺"和"以廊道以弊风雨"建筑工艺手法的基础上，模仿、借鉴或者吸收西洋建筑"洋楼"的建筑形式、技术、构造和装饰精华，进行再创造，成就了别具一格、富有特色的骑楼建筑。

二、实用的骑楼空间平面形式

广东骑楼的平面与广东民居相似，所以广东居民有几种平面形式，广东骑楼就有几种平面形式。其主要分为单开间、双开间和多开间式。立体首层前部为人行道，普通深3~4米，人行道的后面作为商铺，二层以上作为室第，室第前部凸起于商铺，逾越人行道上部。正是这样的平面布局使得骑楼廊下形成了平易近人的"灰色空间"，这是骑楼最为人性化的设计，不仅使得街道变得有层次、有节奏，而且还有丰富的情感内容和浓郁的生活气息，此空间不仅方便了顾客，同时也成为顾客休闲品茗的好地方，活跃了商业街的空间氛围。

● 单开间式

单开间式骑楼建筑平面的原型和基本构成形式，由广东传统的"竹筒楼"演变而来，它的主要特点是用地规整、简单易造，这也适应了广东商业区用地紧张和地价昂贵的需要，因此，这样的开间形式主要出现在繁华的骑楼商业街地段。

● 双开间式

在广州骑楼建筑中采用最多的就是双开间平面形式，它的优点是能利用的商业空间比较大，立面处理比较灵活，整体形象突出。它的空间组合一般有两种：并联式和主从式。并联式骑楼就是将单开间的竹筒屋并联起来，由于这样的平面组合可分可合，因此，在使用上能够获得较大的商业面积。主从式空间组合也称作"明字屋"。其特点是有两个开间的大小、进深。这样的组合平面布局相对于并联式平面布局灵活得多。但是由于主从式空间组合的骑楼外立面处理不均衡，在骑楼建设中很少被采用。

● 多开间式

多开间平面形式主要运用于大型的骑楼建筑，比如大银行、大茶楼、大百货公司、大酒店等各种大型商业机构功能空间。有统计数字表明在骑楼平面形式中多开间占的比重是比较大的，这主要是取决了广州的省城商业中心城市地位，而这样的地位决定了骑楼建筑功能的高标准和复杂化。

　　三、丰富多样的骑楼空间立面样式

　　广东骑楼建筑是东西方文化碰撞融合的结果。广东的骑楼形成于西洋文化大量涌入中国近代时期，虽然骑楼后来逐渐变得中国化、本土化了，但是在骑楼中仍然保留了大量的西洋建筑元素，被人们称为"洋式店面"。一般来说广东骑楼有体量大、高度大、规模大、形式多等特点，其分为楼顶、楼身、楼底三部分，即所谓"横三段"，上段为山花、下段为列柱、中段为主体楼层。而为了丰富建筑造型有的楼顶设计有塔楼，有的在正面墙上挑出拱形雨篷，除此之外，骑楼的墙面装饰了浮雕图案、窗洞、线脚、阳台栏杆等丰富多样的内容，这些装饰有的融合了巴洛克建筑或者西方洛可可建筑装饰风格，有的是岭南

图5-87　仿古罗马式骑楼

特色的佳果图案以及中国古典卷草图案。在广东，西式骑楼是广东骑楼样式的重要组成部分，无论在数量上还是在种类上，西式骑楼都远远超过中式骑楼。

● 仿古罗马式骑楼

这种骑楼底层有券柱，券心处以漩涡作为装饰，其主要模仿古罗马券廊样式，其连续

图5-88　仿哥特式骑楼

图5-89　巴洛克式骑楼

的拱廊丰富了街道与骑楼下的中介空间，同时赋予了建筑明快的韵律和节奏感。

● 仿哥特式骑楼

这种骑楼主要是模仿法国哥特式教堂的垂直线条和尖券等细部装饰手法的骑楼形式。由于哥特式建筑本身特征和功能的局限性，这样的骑楼在广东很少采用，仅仅在广州有所发展。

● 仿巴洛克式骑楼

巴洛克最原始的意思是畸形的珍珠，其兴起于17世纪的意大利罗马，由于广东骑楼建筑中大量运用巴洛克装饰手法，故称为仿巴洛克式骑楼。但是与欧洲地道的巴洛克建筑相比，这种建筑只是局部和有限度的学习和模仿，主要是在传统民居建筑上附加了巴洛克形式。这种建筑的特点外形自由，追求动态，喜好富丽的装饰和雕刻，强烈的色彩，常用穿插的S形曲线元素装饰和椭圆形空间。

图5-90　南洋式骑楼

图5-91　中国传统式骑楼

● 南洋式骑楼

广东骑楼的建造者一般是归国的华侨、广州本地居民以及在广州的西方人构成。其中，有一大部分骑楼是"下南洋"的华侨所盖，所以这些骑楼有着异域风情与时尚。其特点主要是在女儿墙开出一个或者多个圆形或其他形状的洞口。这是一种建筑智慧，通过减少建筑物的风负荷，预防台风袭击，形成了独特的建筑艺术形态。

● 中国传统式骑楼

底层沿街挑出，长廊跨越人行道，楼层立面装饰比较少，只在正面墙上并排开着2~3扇窗是此类骑楼的特点，体现了南方传统民居的一个特色，这种骑楼在广东地区很少存在，仅在广州市南华路、同福路、万福路、德政路、起义路等地还有零星保存。

● 现代式骑楼

一般来说，现代式骑楼建于20世纪80年代以后，在尺度、结构、材料、造型风格等方面与传统骑楼有一定的区别。另外，立面处理上舍弃了复杂的装饰，运用了简洁明快、实用的功能主义的处理手法。

图5-92 现代式骑楼

参考文献

1. 王其均. 中国建筑图解词典. 北京：机械工业出版社，2013.

2. 王其均，谈一评. 民间住宅. 北京：中国水利水电出版社,2005.

3. 王其均. 图解民居. 北京：中国建筑工业出版社，2013.